马克思主义学生读本

什么是科学发展观?

丛书主编：韩喜平

本书著者：张 悦

编 委 会：韩喜平 邵彦敏 吴宏政
　　　　　王为全 罗克全 张中国
　　　　　王 颖 石 英 里光年

吉林出版集团股份有限公司

图书在版编目（CIP）数据

什么是科学发展观？/ 张悦著. -- 长春：吉林出版集团股份有限公司，2012.12（2021.2重印）

（马克思主义学生读本）

ISBN 978-7-5534-1159-0

Ⅰ.①什… Ⅱ.①张… Ⅲ.①社会主义建设模式—中国—青年读物②社会主义建设模式—中国—少年读物Ⅳ.①D616-49

中国版本图书馆CIP数据核字(2012)第291604号

什么是科学发展观？
SHENME SHI KEXUE FAZHAN GUAN?

丛书主编：	韩喜平
本书著者：	张　悦
项目策划：	范中华　徐树武
责任编辑：	陈　曲
出　　版：	吉林出版集团股份有限公司
发　　行：	吉林出版集团社科图书有限公司
电　　话：	0431-81629720
印　　刷：	永清县晔盛亚胶印有限公司
开　　本：	710mm×960mm　1/16
字　　数：	100千字
印　　张：	12
版　　次：	2012年12月第1版
印　　次：	2021年2月第4次印刷
书　　号：	ISBN 978-7-5534-1159-0
定　　价：	36.00元

如发现印装质量问题，影响阅读，请与出版方联系调换。

序　言

习近平总书记指出，青年最富有朝气、最富有梦想，青年兴则国家兴，青年强则国家强。青年是民族的未来，"中国梦"是我们的，更是青年一代的，实现中华民族伟大复兴的"中国梦"需要依靠广大青年的不断努力。

要提高青年人的理论素养。理论是科学化、系统化、观念化的复杂知识体系，也是认识问题、分析问题、解决问题的思想方法和工作方法。青年正处于世界观、方法论形成的关键时期，特别是在知识爆炸、文化快餐消费盛行的今天，如果能够静下心来学习一点理论知识，对于提高他们分析问题、辨别是非的能力有着很大的帮助。

要提高青年人的政治理论素养。青年是祖国的未来，是社会主义的建设者和接班人。党的十八大报告指出，回首近代以来中国波澜壮阔的历史，展望中华民族充满希望的未来，我们得出一个坚定的结论——实现中华民族伟大复兴，必须坚定不移地走中国特色社会主义道路。要建立青年人对中国特色社会主义的道路自信、理论自信、制度自信，就必须要对他们进行马克思主义理论教育，特别是中国特色社会主义理论体系教育。

要提高青年人的创新能力。创新是推动民族进步和社会发展的不竭动力，培养青年人的创新能力是全社会的重要职责。但创新从来都是继承与发展的统一，它需要知识的积淀，需要理论素养的提升。马克思主义理论是人类社会最为重大的理论创新，系统地学习马克思主义理论有助于青年人创新能力的提升。

要培养青年人的远大志向。"一个民族只有拥有那些关注天空的人，这个民族才有希望。如果一个民族只是关心眼下脚下的事情，这个民族是没有未来的。"马克思主义是关注人类自由与解放的理论，是胸怀世界、关注人类的理论，青年人志存高远，奋发有为，应该学会用马克思主义理论武装自己，胸怀世界，关注人类。

正是基于以上几点考虑，我们编写了这套《马克思主义学生读本》系列丛书，以便更全面地展示马克思主义理论基础知识。希望青年朋友们通过学习，能够切实收到成效。

韩喜平

2013年8月

目　录

引　言 / 001

第一章　科学发展观的提出 / 003

第一节　科学发展观的思想基础 / 004
第二节　科学发展观的实践基础 / 009

第二章　发展是科学发展观的第一要义 / 015

第一节　发展是硬道理 / 015
第二节　发展对于中国特色社会主义的决定性意义 / 018
第三节　实现经济又好又快发展 / 022

第三章　以人为本是科学发展观的核心 / 026

第一节　以人为本的思想来源 / 026

第二节　以人为本的科学内涵 / 031

第三节　怎样做到以人为本 / 035

第四章　全面、协调、可持续是基本要求 / 040

第一节　中国特色社会主义事业的总体布局 / 040

第二节　努力促进现代化建设各环节各方面的协调关系 / 044

第三节　坚持走可持续的文明发展道路 / 048

第五章　统筹兼顾的根本方法　/ 053

第一节　统筹兼顾的科学内涵 / 053

第二节　统筹兼顾实践经验的总结 / 057

第三节　统筹兼顾的基本要求 / 060

第六章　贯彻落实科学发展观的根本保证 / 065

第一节　始终坚持"一个中心、两个基本点"的基本路线 / 066

第二节 积极构建社会主义和谐社会 / 069

第三节 继续深化改革开放 / 071

第四节 切实加强和改进党的建设 / 073

第七章 科学发展观的总体布局："五位一体" / 077

第一节 生态建设纳入总体布局 / 078

第二节 坚持走文明发展道路 / 081

第三节 推进"五位一体"的全面建设 / 085

第八章 科学发展观的重要途径："两个转变" / 089

第一节 经济发展方式的转变 / 090

第二节 以体制机制创新保障发展方式转变 / 095

第九章 科学发展观的重大战略："三大建设" / 101

第一节 建设社会主义新农村 / 101

第二节 建设资源节约型、环境友好型社会 / 104

第三节 提高自主创新能力，建设创新型国家 / 108

第十章　贯彻落实科学发展观的现实需要与历史意义　/ 112

第一节　贯彻落实科学发展观的现实需要 / 112

第二节　贯彻落实科学发展观的历史意义 / 117

第十一章　科学发展铸辉煌 / 122

第一节　推进社会主义文化大发展大繁荣 / 122

第二节　新时期党的建设新的伟大工程 / 126

第三节　推进军队国防现代化建设 / 129

知识链接 / 134

引 言

中国共产党是一个重视理论指导、善于用理论武装自己的党。作为马克思主义政党，中国共产党的伟大之处在于始终坚持把思想理论建设放在首位，始终坚持把马克思主义普遍真理同中国社会的具体实际相结合，不断推进马克思主义中国化、时代化、大众化，从而使我们党能够领导中国人民不断从胜利走向胜利。

发展是当代世界的主题，也是当代中国的主题和第一要务。发展观是对发展问题的根本认识和态度，已成为影响一个国家和地区经济社会发展的重要因素，直接关系到一个国家和地区的发展方向、发展程度、发展水平。科学发展观，是我们党立足于社会主义初级阶段基本国情，坚持以邓小平理论和"三个代表"重要思想为指导，在准确把握世界发展趋势、认真总结我国发展经验、深入分析我国发展阶段性特征的基础上提出的重大战略思想，是对经济社会发展一般规律认识的深化，是指导发展的世界观和方法论的集中体现，是推进社会主义经济建设、政治建设、文化建设、社会建设全面发展必须长期坚持的指导方针。科学发展观是马克思主义中国化的最新理论成果，是对中国特色社会主义理论体系的重大贡献。

继五年前被写入《中国共产党章程》后，科学发展观在党的十八大报告中被正式列入党的指导思想。十八大报告论述了落实科学发展观的第一要义、核心立场、基本要求和根本方法，为实际工作指明了方向。中共十八大报告指出，科学发展观同马克思列宁主义、毛泽东思想、邓小平理论、"三个代表"重要思想一道，是党必须长期坚持的指导思想。深入贯彻和落实科学发展观，是对马克思列宁主义、毛泽东思想最好的坚持、实践和发展，也是对邓小平理论和"三个代表"重要思想最好的坚持、实践和发展。因此，我们应更加深入地学习科学发展观，进一步增强贯彻落实科学发展观的自觉性和坚定性，不断完善贯彻落实科学发展观的体制机制，把科学发展观贯彻到我国现代化建设的全过程、体现到党的建设各方面。

第一章　科学发展观的提出

　　科学发展观，第一要义是发展，核心是以人为本，基本要求是全面协调可持续，根本方法是统筹兼顾。这一重大战略思想自2003年10月党的十六届三中全会正式提出后，在国内外产生了重大反响，受到了广泛关注和好评，得到了全党、全国人民的一致拥护。正如中共十七大报告所阐述的："科学发展观，是对党的三代中央领导集体关于发展的重要思想的继承和发展，是同马克思列宁主义、毛泽东思想、邓小平理论和'三个代表'重要思想既一脉相承又与时俱进的科学理论，是我国经济社会发展的重要指导方针，是发展中国特色社会主义必须坚持和贯彻的重大战略思想。"科学发展观的提出，标志着党中央正确回答了两个重要的问题：一是"究竟什么是发展？"，二是"应当如何搞好发展"。科学发展观的提出不是偶然的，它有充分的理论依据和实践背景。

第一节　科学发展观的思想基础

一、马克思主义发展观的集中体现

2007年底,胡锦涛同志在与新进中央委员会的委员、候补委员交流学习十七大精神的体会时,专门引用了马克思在《资本论》中描绘未来社会的一段话:"社会化的人,联合起来的生产者,将合理地调节他们和自然之间的物质变换,把它置于他们的共同控制之下,而不让它作为一种盲目的力量来统治自己;靠消耗最小的力量,在最无愧于和最适合于他们的人类本性的条件下来进行这种物质变换。"胡锦涛同志认为,这"深刻体现了马克思主义关于发展的世界观和方法论"。

马克思、恩格斯关于辩证唯物主义和历史唯物主义的世界观和方法论,人类社会基本矛盾的学说,人民群众的观点,批判资本主义畸形发展的观点,人与人、人与自然协调发展以及人与社会全面发展的观点等,构成了马克思主义关于发展的思想,是科学发展观最基本的理论依据和来源。列宁在领导俄国进行社会主义建设的过程中,提出了建立工农联盟,正确处理重工业与其他工业、农业发展的关系,以及加强民主与法制建设和文化建设等一系列关于发展的思想,几乎涉及社会主义建设的所有重大问题。这些思想对我们思考和探索社会主义发展问题具有重要的启示。

马克思主义发展理论的实质和核心是唯物史观。唯物史观认为，人类社会的发展和进步就是一个从低级文明到高级文明、从片面发展到全面发展的自然的历史过程。实现社会全面发展和人的全面自由的发展，是社会主义的终极价值。在这一发展过程中生产力的发展，是人类社会发展的最终决定力量，一定的生产力发展水平决定着生产关系的性质，进而决定着整个社会的性质和发展状况。但构筑在一定生产力基础上的经济基础和上层建筑一经形成就有巨大的能动作用，能对生产力的发展发挥反作用。社会形态就是由生产力、生产关系（经济基础）和上层建筑三个部分组成的有机整体，并在社会实践中形成经济、政治和思想文化三个领域，构成物质、政治和精神三个文明。当这三个领域、三个文明协调互动时，人类社会就良好运行、稳步发展。当生产关系及其上层建筑不适合生产力的发展要求并成为生产力的桎梏时，人类社会就会爆发革命。因此，发展观念应该与时俱进、不断创新。科学发展观是唯物史观的基本原理和现实世情、国情相结合的产物和体现。从总体上讲，科学发展观是坚持历史决定论和历史辩证法相统一的发展观，是坚持尊重客观规律性和发挥主观能动性相统一的发展观，是坚持社会发展与人的发展相统一的发展观。

二、中国特色社会主义理论体系的丰富和发展

科学发展观是与毛泽东思想、邓小平理论和"三个代表"重要思想既一脉相承又与时俱进的科学理论,都是关于发展的思想。以毛泽东同志、邓小平同志、江泽民同志为核心的党的三代中央领导集体关于我国社会主义建设的一系列重要思想,是科学发展观形成的思想基础。

毛泽东同志在借鉴苏联发展经验和教训的基础上,发表了《论十大关系》等重要论著。他提出了我国在社会主义改造完成后"根本任务已经由解放生产力变为在新的生产关系下保护和发展生产力"的重要思想。他认为,苏联在社会主义建设中的一个主要教训,就是没有做到统筹兼顾、综合平衡。所以,他特别强调统筹兼顾、适当安排、各得其所,调动一切积极力量建设社会主义,"这是一个战略方针","搞社会主义建设,很重要的一个问题是综合平衡"。这些观点是毛泽东思想的重要组成部分,也是科学发展观重要的理论来源。

科学发展观更为直接的理论来源,是邓小平同志和江泽民同志提出的关于发展的思想。科学发展观以邓小平理论和"三个代表"重要思想为指导,系统总结了改革开放以来我国社会主义现代化建设的成功经验。它们之间一脉相承、继承发展的关系,是十分明显的。邓小平发展思想的一个主要内容和重大贡献,是

明确提出并牢固确立了我们党"一个中心,两个基本点"的基本路线和战略布局。邓小平同志强调,在社会主义初级阶段,要始终坚持以经济建设为中心,"发展才是硬道理"。正是由于他在这个问题上鲜明和坚定的态度,才使全党真正牢固树立起这个认识。但邓小平同志所说的发展,并不是单纯的经济发展,而是全面的发展。他提出的"小康社会"就是一个全面发展的概念。他曾描述了小康社会六个方面的特征,包括保障人民的吃穿用、住房、就业、教育文化体育和其他公共福利事业、精神面貌、社会治安等。他提出了社会主义本质的重要论断和"三个有利于"的判断标准,强调要以人民群众是否满意作为衡量改革能否成功的标准。他还提出了"两手抓,两手都要硬"、全面改革、沿海和内地发展"两个大局"、合理调节社会分配关系、避免两极分化等一系列重要思想。他在发展战略、人口资源环境、文化旅游等方面也有大量论述。他经常使用"全面"、"协调"、"持续发展"这样的概念,"中国解决所有问题的关键是要靠自己的发展","中国的主要目标是发展"……这些有关发展的精辟论述浓缩成了"发展是硬道理"这句精华。

江泽民同志关于发展的思想,是在我国社会主义现代化建设进入总体上实现小康社会目标的阶段形成的。在这个阶段,发展的不平衡问题逐渐突出,我们党也开始更多地关注这个问题,更加强调全面、协调、可持续发展。这是江泽民同志讲得最多的问题之一。江泽民同志明确提出"社会主义社会是全面发展、全面进步的社会"这一重要论断,并多次强调要代表最广大人民的根本利益,实现好、维护好、发展好人民群众的利益,"推进人的全面发展"。他在党的十五大报告中提出了建设中国特色社会主义经济、政治、文化的基本纲领,形成了"三位一体"的战略布局。他还提出了关于社会主义现代化建设的一系列重要理论观点、方针政策和战略举措,如要正确处理改革、发展、稳定三者的关系,正确处理社会主义现代化建设中的十二个重大关系;要保持国民经济持续快速健康发展,用发展的办法解决发展中的问题,走既有较快速度又有较好质量的发展路子;强调发展要有新思路,核心是进行产业结构的战略性调整,实现"两个转变";提出可持续发展战略、科教兴国战略、西部大开发战略等一系列关于全面发展的重大举措。他在党的十六大报告中提出了全面建设小康社会的目标,即使经济更加发展、民主更加健全、科教更加进步、文化更加繁荣、社会更加和谐、人民生活更加殷实。应该说,科学发展观鲜明体现了这些重要理论成果。

科学发展观的形成还借鉴了第二次世界大战后兴起的以研究发展中国家现代化为主要内容的各种发展理论。例如,国外发展理论从"发展=经济增长",到"发展=经济增长+社会变革"、"发展=可持续发展",再到"发展=以人为中心的综合发展"的演进;联合国在《新发展观》《21世纪议程》《人类发展报告》等文件中提出的"整体"、"综合"、"内生"的发展理论、可持续发展理论以及人类发展理论等，都为科学发展观的产生提供了启发。因此，科学发展观不仅是对毛泽东思想、邓小平理论和"三个代表"重要思想的继承和发展，也是在借鉴国外发展理论有益成果的基础上提出来的。

第二节　科学发展观的实践基础

实践是认识的基础，也是检验认识正确与否的根本标准。科学发展观的形成首先是现实发展的紧迫需要。科学发展观，是在立足社会主义初级阶段基本国情，总结我国发展实践，借鉴国外发展经验，适应新的发展要求的基础上提出来的。

一、立足于我国的基本国情

我国正处在并将长期处于社会主义初级阶段，社会的主要矛盾仍然是人民日益增长的物质文化需要同落后的社会生产之间的矛盾。但是人民日益增长的物质文化需要，整体上已经不再是为了解决生存和温饱问题，而是为了不断促进人的全面发展。

从十六大到十七大的五年间，胡锦涛同志先后至少四次以全面建设小康社会的实践为基础，围绕我国经济社会发展面临的突出矛盾和问题，对基本国情进行系统分析。

第一次是2004年5月胡锦涛同志在江苏考察工作时，围绕"我国改革发展正处在关键时期"这一论断展开论述。他指出："这是一个既有巨大发展潜力和动力又有各种困难和风险的时期，是一个既有难得机遇又有严峻挑战的时期。"第二次是2004年9月19日胡锦涛同志在党的十六届四中全会第三次全体会议上的讲话中，重申对基本国情的上述分析和认识。需要指出的是，这两次分析都是在加强和改善宏观调控的大背景下进行的，前一次是在实施宏观调控政策后不久，后一次是在宏观调控初见成效之时。虽然这两次表述的内容基本相同，但对我国经济工作中一再出现的盲目投资、低水平重复建设现象的深层次原因的认识却在不断深化。胡锦涛同志指出："归根到底是因为各方面体制还不完善，法律法规还不健全，经济增长方式还比较粗放。"两个多月后，他根据这种认识总结出了转变经济增长方式、加快经济结构调整、推进协调发展、加快完善体制机制这四项"刻不容缓"的任务。第三次是2005年2月19日胡锦涛同志在中央举办的省部级主要领导干部提高构建社会主义和谐社会能力专题研讨班上的讲话。讲话使用了一个新的表述，即我国经济社会发展出现了一些"新趋势新特点"。与前两次概括不同，讲话还增加了对社会问题的关注，有些内容根据宏观调控的实践经验作了表述上的调整。他强调，为实现全面建设小康社会的宏伟目标，"就必须正确应对这些矛盾和问题，花更大气力妥善协调各方面的利益关系，正确处理各种社会矛盾，大力促进社会和谐"。第四次是2005年10月胡锦涛同志在党的十六届五中全会第二次全体会议审议通过"十一五"规划建议时的讲话。胡锦涛同志提出，"十一五"时期要切实把经济社会发展转入以人为本、全面协调可持续发展的轨道上来，并对准确认识和把握基本国情提出更高的要求。他在讲话中还特别提出"四个准确认识"的要求，即准确认识国际国内的发展环境、我国发展的阶段性特征、我国经济社会发展面临的主要问题、我国经济社会又快又好发展的基本要求，并明确使用"一系列重要的阶段性特征"的概念，从十个方面对这些阶段性特征作了概括和分析。这些认识，为党的十七大对"阶段性特征"作出全面准确的分析进行了充分准备。

科学发展观等重大战略思想是建立在对我国基本国情阶段性特征的科学认识基础之上的，这种认识本身就是理论创新的一个重要成果，它不仅是科学发展观等重大战略思想的理论基础，也是其理论体系的重要组成部分。

二、产生于全面建设小康社会的实践

科学发展观的形成和提出，同全面建设小康社会的目标有着直接的、内在的联系。改革开放以来，我国经济社会发展取得了历史性成就。到20世纪末，我国已经实现了现代化建设"三步走"战略的第一步、第二步目标，人民生活总体上达到了小康水平。但是，这种小康又是低水平的、不完全的、发展很不平衡的小康。比如，2000年进入小康社会时确定的16项检测指标和小康临界值中，到2002年起码有三项没有达到：农民的人均收入、人均蛋白质日摄入量、农村初级卫生保健。这三项指标集中反映了一个问题，即城乡差别、区域差别和经济社会发展不协调已经影响到我国现代化建设全局。我们可以看到，在我们党提出的全面小康目标中，已经体现了科学发展的诸多基本要求，表现为，一是经济目标在"翻两番"的基础上，提出了工业化、城市化、社会保障、市场体系建设等全面的要求；二是提出了民主、法制、人权等要求；三是提出了"人的全面发展"问题；四是将生态文明纳入目标体系之中。

党的十六大提出全面建设小康社会的奋斗目标，要求再经过20年的努力，建设一个经济更加发展、民主更加健全、科教更加进步、文化更加繁荣、社会更加和谐、人民生活更加殷实的小康社会。完成这样艰巨重大的任务，要有新的发展思路和举措。从根本上讲，贯彻落实科学发展观是全面建设小康社会的必然要求。全面建设小康社会，在新的历史起点上继续前进，我们有许多过去不具备的物质、思想和体制机制基础，同时也面临许多突出的矛盾和问题。比如，生产力和科技教育水平总体上还比较落后；自主创新能力不强，许多重要领域的核心技术和关键产品大量依靠进口；农业基础仍然薄弱，农民收入增长缓慢；经济结构不合理，粗放型增长方式还没有根本改变，经济社会发展面临的资源环境约束日益增强；社会主义市场经济体制还不完善，制约经济社会进一步发展的体制机制问题还比较多，等等。

三、汲取世界各国发展经验教训

20世纪40年代，在饱受两次世界大战带来的巨大灾难之后，海外殖民扩张被世人抛弃，加快经济增长成为各国的共识，传统的经济发展观开始盛行。但是，在传统的发展观念指导下，单纯追求经济增长，忽视环境保护和能源、资源节约，不重视社会发展和社会公平，导致一些国家经济结构失衡，社会发展滞后，能源、资源日趋紧张，生态环境急剧恶化，以及社会两极分化、失业增加、政治动荡等问题，经济增长并没有给广大人民带来更多的实惠，未能实现持续的增长和真正的发展。人们开始反思到底是什么原因造成了这些问题。到上个世纪70年代中期，可持续发展理念开始出现。1987年挪威首相布伦特兰在联合国环境与发展委员会会议上发表报告《我们共同的未来》，可持续发展概念开始逐步确立。伴随着人们对发展问题在认识上的逐步深入，以人为中心、全面发展、协调发展、可持续发展等观念得以在实践中越来越受到世界各国的重视和推崇。

中国共产党是一个具有世界眼光和宽广胸襟的马克思主义政党，自诞生以来就一直把中国革命、建设和改革的事业放到世界大局中去考察。科学发展观继承了这一优良传统,从更广阔的世界背景中思考中国的发展问题。当今世界,和平、发展、合作是时代潮流,各国相互联系和影响日益加深。同时,霸权主义和强权政治依然存在,影响世界和平与发展的不稳定、不确定因素不断出现,围绕资源、市场、技术、人才的国际竞争更加激烈,摩擦明显增多。这种国际局势为我国加快发展和推进改革既提供了机遇,又提出了挑战。科学发展观正是在科学判断国际形势和世界发展趋势的基础上提出来的。

第二章　发展是科学发展观的第一要义

党的十七大明确指出："科学发展观，第一要义是发展。"这一重要命题的提出，不仅鲜明地展现了科学发展观与邓小平同志提出的"发展才是硬道理"和江泽民同志提出的"发展是我们党执政兴国的第一要务"思想一脉相承的性质，而且也深刻地揭示了当代中国语境下发展的科学内涵。

第一节　发展是硬道理

进入21世纪以后，随着我国进入全面建设小康社会、加快推进社会主义现代化的新的发展阶段，中国的发展既面临着难得的战略机遇，又面临着伸延与压缩相交织的复杂时空条件。在这样的背景下，党的十七大在阐述科学发展观的科学内涵时明确提出："科学发展观，第一要义是发展。"显然，这一重要命题的提出,既不是在发展话语上的简单、同义反复,也不是在发展思想上的抽象理论构建。

一、用发展的观点解决前进中的问题

坚持用发展的观点解决前进中的问题,是新中国成立以来特别是新时期以来我国的一条基本经验。是我们党艰辛探索社会主义现代化建设规律获得的重要成果。这也决定了科学发展观必须把发展作为第一要义,这同党中央一再强调的科学发展观首先是用来指导发展的思想是一脉相承的。发展对全面建设小康社会、加快推进社会主义现代化具有决定性意义,解放和发展社会生产力始终是社会主义的根本任务,要牢牢抓住经济建设这个中心,为发展中国特色社会主义打下坚实的物质基础。

马克思指出:"一定物质财富是一切人类生存的第一个前提,即一切社会历史的第一个前提。"毛泽东同志指出:"社会主义革命的目的是为了解放生产力。"我国的社会主义制度是在半殖民地半封建社会的基础上建立的。革命胜利后,加快经济社会发展,不断满足人民日益增长的物质文化需要,是执政党义不容辞的使命。新中国成立后,党领导人民完成了社会主义"三大改造",建立了独立的比较完整的工业体系和国民经济体系,取得了社会主义革命和建设的巨大成就,但也经历了严重挫折。党的十一届三中全会以后,我们党作出把党和国家工作中心转移到经济建设上来、实行改革开放的历史性决策。邓小平同志指出："中国解决所有问题的关键是要靠自己的发展。""发展才是硬道理。"江泽民同志也指出："党要承担起推动中国社会进步的历史责任，必须始终紧紧抓住发展这个执政兴国的第一要务，把坚持党的先进性和发挥社会主义制度的优越性，落实到发展先进生产力、发展先进文化、实现最广大人民的根本利益上来，推动社会全面进步，促进人的全面发展。"改革开放30多年来的实践证明，坚持以发展为主题，用发展的眼光、发展的思路、发展的办法解决前进中的问题，就能不断推进中国特色社会主义事业。

二、发展是马克思主义的永恒主题

马克思主义的唯物史观作为社会历史观，既是一种本体论意义上的社会存在理论，同时也是一种社会发展理论，蕴含着丰富的关于社会发展的思想资源。马克思主义的唯物史观不仅科学地阐明了社会结构或经济社会形态的构成要素及其辩证关系，而且深刻地揭示了生产关系怎样随着生产力而变化，以及全部上层建筑和意识形态怎样随着经济基础而变化的人类社会发展的规律。因此，正如马克思所指出的那样，"问题本身并不在于资本主义产生的自然规律所引起的社会对抗的发展程度的高低，问题在于这些规律本身，在于这些以铁的必然性发生并且正在实现的趋势"。

科学发展观是与时俱进的马克思主义发展观。科学发展观是用来指导发展的。发展是一个永无止境的历史过程，指导发展的观念也必须与时俱进。党的十六大以来，以胡锦涛同志为总书记的党中央适应新的发展要求，明确提出了科学发展观的重大战略思想。科学发展观，继承和发展了党的三代中央领导集体关于发展的重要思想，既强调要时刻铭记发展是硬道理的战略思想，紧紧抓住发展这个党执政兴国的第一要务，牢牢抓住经济建设这个中心，坚持聚精会神搞建设，一心一意谋发展，不断解放和发展社会生产力；同时强调要着力把握发展规律，创新发展理念，转变发展方式，破解发展难题，提高发展质量和效益，努力实现以人为本、全面协调可持续的科学发展，实现各方面事业有机统一、社会成员团结和睦的和谐发展，实现既通过维护世界和平发展自己、又通过自身发展维护世界和平的和平发展，从而丰富和发展了马克思主义发展观。

第二节　发展对于中国特色社会主义的决定性意义

一、发展是当代中国的主题

科学发展观是用来指导发展的，不能离开发展这个主题。离开了发展，科学发展观就成了无源之水、无本之木。中国特色社会主义是靠发展来不断巩固和前进的。只有紧紧抓住和搞好发展，才能从根本上把握人民的愿望，把握社会主义现代化建设的本质，把握我们党执政兴国的关键。坚持以发展为主题，用发展的眼光、发展的思路、发展的办法解决前进中的问题，是改革开放以来我们的一条重要经验。

邓小平同志强调："发展才是硬道理。""中国解决所有问题的关键是要靠自己的发展。"江泽民同志强调："能不能解决好发展问题，直接关系人心向背、事业兴衰。""离开发展，坚持党的先进性、发挥社会主义制度的优越性和实现民富国强都无从谈起。"改革开放以来，我国现代化建设之所以取得举世瞩目的历史性成就，我们党之所以能不断巩固和扩大执政的群众基础，我们之所以能战胜来自国际国内的各种困难、风险和挑战，发展了中国，发展了社会主义，发展了马克思主义，都与始终抓住发展这个根本问题密切相关。继续推进中国特色社会主义伟大事业，必须深刻领会第一要义，始终贯穿第一要义，切实抓好第一要义。

科学发展观的第一要义是发展，是又好又快发展。这是贯彻落实科学发展观、实现全面建设小康社会宏伟目标的必然要求，是调动各方面积极性、发挥各类生产要素潜力的有效途径，是紧紧抓住发展机遇、实现综合国力整体跃升的必由之路。

二、努力实现全面建成小康社会的战略目标

发展对于我国新世纪新阶段全面建设小康社会、加快推进社会主义现代化具有决定性意义。经过新中国成立以来特别是改革开放以来的不懈努力，我国取得了举世瞩目的发展成就，我国已经站在一个新的历史起点上。但我国仍处于并将长期处于社会主义初级阶段的基本国情没有变，人民日益增长的物质文化需要同落后的社会生产之间的矛盾这一社会主要矛盾没有变。我们党要团结带领全国各族人民，完成新世纪三大历史任务，在中国特色社会主义道路上实现中华民族伟大复兴，必须始终抓好发展这个党执政兴国的第一要务。应当看到，实现全面建设小康社会和现代化建设第三步战略目标，进一步提高人民物质文化生活水平，要靠发展；增强我国综合国力，实现中华民族伟大复兴，要靠发展；坚持"一国两制"方针，实现祖国完全统一，要靠发展；履行维护世界和平与促进共同发展的责任，在风云变幻的国际局势中立于不败之地，要靠发展；解决我国经济和社会生活中的各种矛盾，维护社会稳定，要靠发展；增强国防实力，国家安全，要靠发展；解决人们的思想认识问题，说服那些不相信社会主义的人，坚定对社会主义和祖国未来前途的信念和信心，最终也要靠发展。因此，坚持把发展作为党执政兴国的第一要务，任何时候任何情况下都不能动摇、不能放松。

马克思主义认为，物质生产是人类社会生存和发展的基础，生产力是人类社会发展的最终决定力量；社会主义必须建立在发达的生产力基础上。我国仍处于并将长期处于社会主义初级阶段。社会主义初级阶段的主要矛盾，始终是人民日益增长的物质文化需要同落后的社会生产之间的矛盾，解放和发展社会生产力始终是我们党的中心任务。坚持以经济建设为中心，不仅坚持了马克思主义基本原理，而且抓住了我国现阶段的社会主要矛盾，符合历史进步和我国经济社会发展的客观要求、符合人民群众的新期待。以经济建设为中心，任何时候任何情况下都不能动摇、不能放松。

人类社会正在经历深刻变革，世界范围内经济实力和综合国力的竞争空前激烈。这场全球范围的大竞争，任何国家、任何民族都必须面对、不能回避。历史一再表明，抓住机遇加快发展，落后的国家和民族就可能实现发展的新跨越，走在时代前列；丧失发展机遇，原本强盛的国家和民族就可能成为时代的落伍者。能不能抓住新机遇、解决新问题、实现新发展，是对我们党的执政能力的重大考验，也是对我们民族凝聚力和创造力的重大考验。紧紧抓住并切实用好重要战略机遇期，奋力在这场大竞争中取得主动，发展壮大自己，是我们立于不败之地的根本所在，是中国共产党人对国家、对民族、对人民必须肩负起来的历史责任。胡锦涛同志强调："发展是解决中国一切问题的'总钥匙',发展对于全面建设小康社会、加快推进社会主义现代化,对于开创中国特色社会主义事业新局面、实现中华民族伟大复兴,具有决定性意义。"

第三节 实现经济又好又快发展

一、科学发展观是求实的发展观

科学发展观第一要义是发展,是基于我国社会主义初级阶段基本国情,基于人民过上美好生活的深切愿望,基于巩固和发展社会主义制度,基于巩固党的执政基础、履行党的执政使命得出的重要结论。深入贯彻落实科学发展观,关键是要紧紧抓住发展这个第一要义,促进经济社会又好又快发展。科学发展观强调第一要义是发展,是又好又快发展。这是贯彻落实科学发展观、实现全面建设小康社会宏伟目标的必然要求,是调动各方面积极性、发挥各类生产要素潜力的有效途径,是紧紧抓住发展机遇、实现综合国力整体跃升的必由之路。

坚持以经济建设为中心,必须以高度的历史责任感和现实紧迫感,保持较快的经济发展速度,推动经济持续快速协调健康发展。国家的昌盛,人民的富裕,说到底是经济实力问题。国际竞争,说到底也是经济实力的竞争。只有加快经济发展,才能不断提高我国的经济实力和综合国力，实现全面建设小康社会的宏伟目标，完成社会主义现代化建设"三步走"的战略任务；才能不断满足人民群众日益增长的物质文化需要，提高人民群众的生活水平，朝着共同富裕的方向不断前进；才能更好地解决经济社会生活中的各种矛盾和问题，增强战胜各种困难、应对各种挑战和抵御各种风险的能力；才能在激烈的国际竞争中始终处于主动地位，更好地维护国家主权和安全，促进世界和平与共同发展。对于我国来说，能不能保持较快的经济发展速度，不仅是重大的经济问题，而且是重大的政治问题，是关系中国特色社会主义前途命运的问题。经过改革开放30多年来的发展，我国发展水平和经济实力显著提升。2007年我国国内生产总值已经达到二十四万六千多亿元人民币，居世界第四位，但按人均计算仍属于中低收入国家。党的十七大提出实现全面建设小康社会奋斗目标的新要求，到2020年要实现人均国内生产总值比2000年翻两番。实现这一目标意义深远，任务艰巨。坚定不移地推动经济较快发展，对于全面建设小康社会、加快推进社会主义现代化具有重大战略意义。

二、好中求快，又好又快的发展

科学发展观所要求的发展，是好中求快，又好又快的发展；是速度与结构、质量、效益相统一的发展；是长期、稳定、可持续的发展。这就要求我们必须正确把握并妥善处理当代中国在追求发展上的"好"与"快"的关系，使当代中国的发展成为发展的"好"与"快"相互支持、相互促进并最终实现内在整合的历史进程。

又好又快发展是有机统一的整体。"好"与"快"互为条件，既相互促进又相互制约，不能把二者割裂开来和对立起来。又好又快，要求快以好为前提。忽视增长的质量和效益，不惜浪费资源和破坏环境，片面追求一时的高速度，势必会造成大起大落，就不能实现真正的发展。只有坚持好字优先，在好的前提下，才能实现长期持续地快速增长。同时，快也是好的必要条件。较快增长本身就是较好发展的重要基础。只有保持较快的增长，才能抓住机遇，不断增强经济实力，使经济增长的潜力充分发挥出来，更好地解决发展中存在的矛盾和问题。要正确理解和把握好与快的辩证关系，促进国民经济又好又快发展。科学发展观强调第一要义是发展，就是要牢牢抓住经济建设这个中心，聚精会神搞建设、一心一意谋发展，不断解放和发展社会生产力，为发展中国特色社会主义奠定坚实的物质基础。

从我国的情况来看，改革开放30多年来，我国的发展取得了举世瞩目的高速推进的成就乃至"奇迹"。尤其是近年来，我们不仅仅保持了经济的平稳较快发展，而且避免了大的起落。2003年至2007年，我国国内生产总值年增长10.6%，不仅是改革开放以来增长速度最快、持续时间最长、平稳程度较高的最好时期之一，而且是经济发展的质量和效益明显提高、民主状况改善最快、最显著的时期。这一成就的取得，既凸显了在坚持科学发展观的指导下，当代中国的发展通过进一步注重提高宏观调控的有效性、针对性和灵活性从而开始呈现实现又好又快发展的迹象，也为我们在实践上处理好发展上的好与快的关系积累了宝贵的经验。

第三章　以人为本是科学发展观的核心

将以人为本作为科学发展观的核心，解决了为谁发展和靠谁发展的问题，揭示了发展我国经济的根本目的和核心动力。深刻理解以人为本的思想来源和实践基础，全面把握以人为本的科学内涵，牢固树立以人为本的思维方式和价值取向，对于促进我国经济社会又好又快发展和人的全面发展，具有极为重要的意义。

第一节　以人为本的思想来源

认真研究"以人为本"在中外思想史上的源流发展，搞清楚历史上的有关思想与科学发展观中的"以人为本"的联系与区别，有助于我们对十六届三中全会提出的"以人为本"形成更为准确的理解和把握。

一、马克思主义人的学说

马克思主义高度重视人在社会发展进程中的价值主体地位和核心动力作用,深切关注广大人民群众的生存境遇和前途命运,认为人是发展的前提、动力、目的、标准。坚持以人为本,是以马克思主义关于人的学说为深刻理论基础的。

人是发展的动力,人是经济社会发展的实践主体,是创造社会财富的物质生产过程中唯一能动的因素。若没有人的参与,社会的物质生产与人与自然之间的物质交换,就不可能发生和进行。早在100多年前,马克思就曾指出,随着社会生产力的发展,社会财富的标准将不再是劳动的消耗,即不再是工作时间和数量,而是组成社会的个人能力和素质的发展。同时人也是社会发展的本质和目的,人类社会发展的历史,实质上是人的本质力量发展的历史,即人的多层次需要的满足,人的各种潜能的发挥,人的整体素质的提高。一句话,人的全面发展,是发展所应追求的最高价值。

依据马克思主义的群众史观,人民群众是社会生产的主体,是社会变革的主要力量。人民群众的实践活动是创造社会物质财富和精神财富的源泉。"以人为本"的科学发展观认为,人民是发展的目的,人民是发展的动力,人民利益是检验发展的标准,人民参与是保证发展决策正确的重要手段,这些思想与马克思主义群众史观是高度一致的。胡锦涛同志指出："必须坚持以人为本。全心全意为人民服务是党的根本宗旨，党的一切奋斗和工作都是为了造福人民。"我国是社会主义国家，中国共产党是执政党，但是广大人民群众是国家的主人，是决定我国前途和命运的根本力量，是社会历史的缔造者。建设中国特色社会主义伟大事业是中国各族人民实现自己利益，携手共创美好生活的共同事业，是亿万人民群众广泛参与的前进性事业，党的一切工作的出发点和落脚点就是不断实现好和维护好最广大人民群众的根本利益。这充分说明，"以人为本"的科学发展观是建立在马克思主义群众史观这一坚定的理论基础上的。

二、中国古代民本思想

任何一个时代，社会的稳定和发展都依赖于民生问题的妥善安排和解决，没有对人的起码的关照，任何统治和管理都维持不了。在中国思想史上，"以人为本"原本是战国时代齐国政治家管仲提出的治国术，其意是说，只有把人的问题解决好了，才能"本理国固"，最后达到称王称霸的目的。论者认为，这里虽有其明显的功利性，但瑕不掩瑜，毕竟它是对人的善待和重视人的意愿的一种表达，中国传统的民本思想基本上就是沿着这条思路传承下来的。因此，儒家倡导的"仁者爱人"绝不仅仅是一种简单的道德说教，同时也具有深厚的人本主义意蕴；在这里指出其历史局限性的同时，也指出了其合理因素。但也有论者更强调其历史局限性，指出在漫长的中国封建社会里，那些开明的统治者在一定程度上认识到觉醒了的群众能够左右历史，说出类似"以人为本"的话，往往只是一种开明统治的手段。封建统治者的所谓爱民、为民，不过是为了"得天下"，是为了统治人民。因此，一切剥削阶级的统治者都不可能真正做到以人为本。还有论者认为，在我国，自古以来并没有尊神的宗教传统，人们虽有信仰，但信仰的"天"不是神和上帝。在我国，"天"的形式为"天道"、"天命"、"天理"，并不是非人化的，它往往最终又被当作人间最高意志和力量的化身。然而在古代的语言中，"人"和"民"曾经是分开的，只有"人"才能与天"合一"，"民"则不在其列。因而，尽管也有过"民为邦本"之类的说法，但这种"以人为本"的结论，却总是落脚为让人们"畏天命，畏大人，畏君子"——去服膺、服从少数特殊人物。

三、西方人本主义思想

在西方思想史上，"以人为本"也有其久远的历史。有论者指出，"以人为本"的思想最早可以追溯到古希腊时期。普罗泰戈拉提出"人是万物的尺度"。这一命题标志着智者派把哲学研究的对象由自然转向了人。英国学者阿伦·布洛克在《西方人文主义传统》中指出："古希腊思想最吸引人的地方之一，在于它是以人为中心，而不是以上帝为中心。"在西方中世纪，哲学成为"神学的婢女"，人的地位被神所淹没。到了近代，以人文主义思潮兴起为标志的欧洲文艺复兴，把人对神的崇尚，转向对人自身的崇尚。这种人文主义思潮所倡导的以人为本位的人本主义，与中世纪的"神本主义"相对应，在人与上帝、人与自然的关系中，弘扬人的意义和价值。从根本上讲，文艺复兴是在资本主义兴起的条件下对古希腊罗马哲学中以人为中心的思想的复兴。在西方哲学史上，费尔巴哈对人的本质的认识具有重要的特殊意义，他的人本主义思想是马克思主义人本思想形成的重要理论来源。正如马克思所指出的，费尔巴哈的伟大功绩在于"创立了真正的唯物主义和现实的科学，因为费尔巴哈使'人与人之间的'社会关系变成了理论的基础原则"。然而，"人"虽然是费尔巴哈哲学的中心和最高对象，但他并没有真正解决人的问题，没有科学地阐明人的本质，更没有正确回答实现人的自由和解放的途径。从19世纪中叶起，以叔本华和克尔凯郭尔为代表的一些哲学家们就开始向传统的理性主义公开挑战，强调人是包括肉体、活动、意志、情感在内的完整的存在，传统哲学的弊端就在于忘记了人。20世纪后期在德、法等国出现的一批人本主义思想家继承了先辈们的思想，并在资本主义社会人的异化急剧加深的背景下，把人本主义思潮进一步推向系统化和完整化。他们与其前辈不同，不再简单地拒斥科学和理性，而是企图将理性和非理性结合起来,给人以更大的生存和发展空间。

第二节　以人为本的科学内涵

以人为本是科学发展观的核心,回答了为谁发展、靠谁发展的问题,指明了我国经济社会发展的价值取向和依靠力量。

一、科学发展观的核心理念

以人为本的科学内涵需要从两个方面来把握。首先是"人"这个概念。"人"在哲学上,常常和两个东西相对,一个是神,一个是物,人是相对于神和物而言的。因此,提出以人为本,要么是相对于以神为本,要么是相对于以物为本。大致说来,西方早期的人本思想,主要是相对于神本思想,主张用人性反对神性,用人权反对神权,强调把人的价值放到首位。中国历史上的人本思想,主要是强调人贵于物,"天地万物,唯人为贵"。《论语》记载,马棚失火,孔子问有没有伤人,却不问马。说明在孔子看来,人比马重要。在现代社会,无论是西方还是中国,作为一种发展观,人本思想都主要是相对于物本思想而提出来的。其次是"本"这个概念。"本"在哲学上可以有两种理解,一种是世界的"本原",一种是事物的"根本"。以人为本的本,不是"本原"的本,是"根本"的本,它与"末"相对。以人为本，是哲学价值论概念，不是哲学本体论概念。提出以人为本，不是要回答什么是世界的本原，人、神、物之间，谁产生谁，谁是第一性、谁是第二性的问题，而是要回答在我们生活的这个世界上，什么最重要、什么最根本、什么最值得我们关注。以人为本，就是说，与神、与物相比，人更重要、更根本，不能本末倒置，不能舍本求末。我们大家所熟悉的"百年大计，教育为本；教育大计，教师为本"，以及"学校教育，学生为本"等，都是从"根本"这个意义上理解和使用"本"这个概念的。

以人为本思想是我们党摒弃了旧哲学人本思想中封建地主阶级、资产阶级的阶级局限和历史唯心主义的理论缺陷，借鉴国际经验教训，针对当前我国发展中存在的突出问题和实际工作中存在的一种片面的、不科学的发展观而提出来的。人是发展的根本目的。提出以人为本的科学发展观，目的是以人的发展统领经济、社会发展，使经济、社会发展的结果与我们党的性质和宗旨相一致，使发展的结果与发展的目标相统一。正如胡锦涛同志所说，坚持以人为本，就是要以实现人的全面发展为目标，从人民群众的根本利益出发谋发展、促发展，不断满足人民群众日益增长的物质文化需要，切实保障人民群众的经济、政治和文化权益，让发展的成果惠及全体人民。

二、人民群众是发展的实践主体

科学发展观的核心是以人为本,即正视人的地位,发挥人的作用,满足人的利益,体现人的权利,重视人的价值,维护人的尊严,珍惜人的生命,促进人的发展。这个思想不但确立了人民利益在党执政使命中的最高价值取向和价值定位,实现了当代中国共产党人在国家发展观、社会进步观上的历史性突破,而且还体现了党对执政规律、社会主义建设规律、人类社会发展规律的深刻把握。

胡锦涛同志曾指出:"我们提出以人为本的根本含义,就是坚持全心全意为人民服务,立党为公、执政为民,始终把最广大人民的根本利益作为党和国家工作的根本出发点和落脚点,坚持尊重社会发展规律与尊重人民历史主体地位的一致性,坚持为崇高理想奋斗与为最广大人民谋利益的一致性,坚持完成党的各项工作与实现人民利益的一致性,坚持保障人民利益与促进人的全面发展的一致性,坚持发展为了人民、发展依靠人民、发展成果由人民共享。"

其丰富内涵是,一是"两大原则"的统一。坚持以人为本的科学发展观,把以人为本建立在客观规律的基础上;把对社会主义发展规律的认识和运用服从于以人为本的目的,充分体现了真理原则与价值原则的统一。 二是"两个尺度"的结合。人类社会发展既是客观历史演进的过程（即历史的尺度），又是人的价值实现的过程（即人的尺度）。社会发展的程度最终是通过人的发展程度来衡量的。以人为本是社会进步的最高价值目的。三是"三个角度"的体现。作为历史观，它强调人在社会发展中的主体地位和主体作用；作为价值观，它强调人民的主体地位，要尊重人、解放人、依靠人、为了人和塑造人；作为思维方式，它要求我们在分析和解决问题时，既要运用历史的尺度，又要确立和运用人的尺度，以实现人民的根本利益和人的自由全面发展为经济和社会建设的出发点、目的和标准。

但是，以人为本不仅主张人是发展的根本目的，回答了为什么发展、"为了谁"发展的问题；而且主张人是发展的根本动力，回答了怎样发展、"依靠谁"发展的问题。毛泽东同志指出，人民群众是历史的主人；同时指出，只有人民才是创造世界历史的动力。胡锦涛同志表示，相信谁、依靠谁、为了谁，是否始终站在最广大人民的立场上，是区分唯物史观和唯心史观的分水岭，也是判断马克思主义执政党的试金石。胡锦涛同志所有关于以人为本的论述，都十分明确地指出，我们所讲的以人为本，是以广大的人民群众为本，就是一切为了人民群众，一切依靠人民群众。

第三节 怎样做到以人为本

一、坚持发展为了人民

坚持以人为本,必须在治国理政的过程中充分体现和代表人民的利益,坚持发展为了人民、发展依靠人民、发展成果由人民共享,不断使人民群众得到更多的实惠,使全体人民朝着共同富裕的方向稳步前进。

坚持发展为了人民,就要顺应各族人民过上更好生活的新期待,着力解决人民群众最关心、最直接、最现实的利益问题,把发展的目的真正落实到满足人民需要、提高人民生活水平上。要在经济社会发展的各个环节、各项工作中都体现和保障人民群众的利益。经济建设,要着眼于创造更丰富的社会物质财富,全面改善人民生活,不断提高人民生活水平。政治建设,要着眼于保障人民当家作主的权利和合法权益,不断发展社会主义民主,健全社会主义法制。文化建设,要着眼于满足人民群众精神文化需求,提高人民群众精神生活质量,不断丰富人们的精神世界,增强人们的精神力量。社会建设,要着眼于协调好各方面的利益关系,不断建设全体人民各尽其能、各得其所而又和谐相处的社会。要深怀爱民之心,恪守为民之责,善谋富民之策,把群众呼声作为第一信号,把群众需要作为第一选择,把群众满意作为第一标准，急群众之所急，想群众之所想，办群众之所需，为群众诚心诚意办实事，尽心竭力解难事，坚持不懈做好事。

二、坚持发展依靠人民

坚持发展依靠人民，就要尊重人民的主体地位，发挥人民的主体作用，密切联系群众，始终相信群众，紧紧依靠群众，做到谋划发展思路向人民群众问计，查找发展中的问题听人民群众意见，改进发展措施向人民群众请教，落实发展任务靠人民群众努力，衡量发展成效由人民群众评判，最大限度地集中全社会全民族的智慧和力量，使我们的事业获得最广泛最可靠的群众基础和最深厚的力量源泉。要全面贯彻尊重劳动、尊重知识、尊重人才、尊重创造的方针，激发和调动各方面的积极性，团结为祖国富强贡献力量的社会各阶层人员，鼓励他们的创业精神，保护他们的合法权益，表彰他们当中的优秀分子，最广泛地动员和组织亿万人民投身中国特色社会主义伟大事业。要坚持党的群众路线，牢固树立人民群众是历史创造者、虚心向人民群众学习、竭诚为最广大人民谋利益、干部的权力是人民赋予、对党负责和对人民负责相一致的观点。要切实转变思想作风和工作作风，切实改进领导方式和工作方法，深入了解民情、充分反映民意、广泛集中民智，使我们的各项决策和全部工作更好地体现人民群众的利益。

三、坚持发展成果由人民共享

坚持发展成果由人民共享,就要把改革发展取得的各方面成果,体现在不断提高人民的生活质量和健康水平上,体现在不断提高人民的思想道德素质和科学文化素质上,体现在充分保障人民享有的经济、政治、文化、社会权益上。坚持发展成果由人民共享,是坚持发展为了人民、发展依靠人民的具体体现和最终目的。在整个改革开放和现代化建设过程中,一定要在经济发展的基础上,着力提高人民的物质文化生活水平,切实保障人民各项权益,而且使人民的利益随着经济社会的发展不断有所增加。要更加注重发展成果的普惠性,正确处理效率与公平的关系,统筹兼顾全体社会成员的利益,促进创造财富和公平分配的协调。要清醒看到,经过改革开放30多年的发展,我国人民群众的生活总体上达到了小康水平,但不同地区和部门、不同群体和个人在享受经济社会发展成果的多少方面是不同的,部分群众因为各种原因生活还有一些困难,劳动就业、收入分配、社会保障、住房、医疗、子女上学等方面的问题成了社会关注的热点问题。要把保障和改善民生放在更加重要的位置,下大气力解决好群众反映强烈的突出问题,努力使全体人民共享经济社会发展的成果。

我们党领导人民进行改革开放和现代化建设的根本目的,是通过发展社会生产力,不断提高人民的物质文化生活水平,促进人的全面发展。

四、不断促进和实现人的全面发展

实现人的全面发展，是一个长期的、渐进的过程。只有随着社会财富的不断增加和社会文明的持续进步，人民群众的物质文化生活需要才能日益充分地得到满足，人的全面发展才能日益充分地得到实现。要把促进人的全面发展作为不懈追求，不断增强工作的紧迫感，以只争朝夕的精神抓住机遇，加快各项事业的发展，不断满足人们的多方面需要，同时又充分考虑现阶段的实际情况，不能提出超出现实可能的要求。要充分认识社会主义现代化建设的长期性和艰巨性，作好长期艰苦奋斗的思想准备，老老实实艰苦创业，踏踏实实艰苦奋斗。从具体事情做起，把以人为本贯穿到经济社会发展各个方面，体现到党和国家各项方针政策中，使贯彻落实科学发展观的过程成为不断为民造福的过程，成为不断提高人民生活水平的过程，成为不断提高人民思想道德素质、科学文化素质的过程，成为不断保障人民经济、政治、文化、社会权益的过程，在推动经济不断发展的基础上，促进社会全面进步和人的全面发展。

经济社会发展是人的全面发展的前提和条件，没有经济社会的发展，人的全面发展就失去了基础和保障；人的全面发展是经济社会发展的根本目的，又是推动经济社会发展的最重要力量，离开了人的全面发展,经济社会发展就失去了目标和动力。经济社会发展和人的全面发展相互联系、相互促进,人越全面发展,社会的物质文化财富就会创造得越多,人民的生活就越能得到改善;而物质文化条件越充分,就越能促进人的全面发展。

第四章 全面、协调、可持续是基本要求

第一节 中国特色社会主义事业的总体布局

一、科学发展观是全面的发展观

中国特色社会主义事业是全面发展的事业,发展的最终目的是在实现社会全面进步的基础上实现人的全面发展。因此,发展应当是全面的。全面,是指各个方面都要发展。促进全面发展,是科学发展观的重要内容和目标。

胡锦涛同志指出,全面发展,就是要以经济建设为中心,全面推进经济、政治、文化建设,实现经济发展和社会全面进步。胡锦涛同志在党的十六届四中全会上提出把建设和谐社会摆在重要位置,不断提高构建社会主义和谐社会的能力。促进全面

发展，必须正确处理好经济发展与社会发展的关系，以及物质文明、政治文明、精神文明的关系。为此，一方面，必须坚持以经济建设为中心。生产力的发展，是人类社会发展的最终决定力量。我国社会主义初级阶段的主要矛盾，是人民日益增长的物质文化需要同落后的社会生产之间的矛盾，根本任务是发展社会生产力。我们党执政兴国的第一要务是发展，首先是要发展经济。只有不断解放和发展生产力，才能为社会全面进步和人的全面发展提供物质基础。因此，以经济建设为中心任何时候都不能动摇、不能放松。

另一方面，党的十八大上，党中央明确提出了中国特色社会主义经济建设、政治建设、文化建设、社会建设、生态文明建设"五位一体"的总体布局，深化了我们党对共产党执政规律、社会主义建设规律、人类社会发展规律的认识。科学发展观所追求的全面发展，就是要按照中国特色社会主义事业总体布局，以经济建设为中心，全面推进中国特色社会主义经济、政治、文化、社会、生态建设。这五个方面是紧密联系、相互影响的。其中，经济是基础，只有坚定不移地以经济建设为中心，大力发展社会主义社会的生产力，才能为政治、文化、社会、生态建设提供坚实的物质基础；政治是经济的集中体现，对经济、文化、社会、生态建设有着重要的保证作用，只有积极发展社会主义民主政治，建设社会主义政治文明，才能为经济、文化、社会建设提供坚强的政治保证；文化是经济、政治、社会的反映，又对经济、政治、社会、生态建设有着重要的影响作用，只有大力发展社会主义先进文化，才能为经济、政治、社会、生态建设提供有力的精神支撑；社会建设是经济、政治、文化、生态建设在社会领域的综合体现，只有大力加强社会建设，构建社会主义和谐社会，才能为经济、政治、文化、生态建设提供良好的社会环境。生态建设为人民创造良好的生产生活环境，为全球生态安全作出贡献，坚持节约资源和保护环境的基本国策，树立和落实科学发展观，就是要坚持社会主义经济建设、政治建设、文化建设、和谐社会建设、生态文明建设"五位一体"，促进经济社会的全面发展。

二、把生态文明放在突出地位

"把生态文明建设放在突出地位，融入经济建设、政治建设、文化建设、社会建设各方面和全过程，努力建设美丽中国，实现中华民族永续发展。"党的十八大报告首次单篇论述生态文明，首次把"美丽中国"作为未来生态文明建设的宏伟目标，把生态文明建设摆在总体布局的高度来论述，表明我们党对中国特色社会主义总体布局认识的深化，把生态文明建设摆在"五位一体"的高度来论述，也彰显出中华民族对子孙、对世界负责的精神。

"我们一定要更加自觉地珍爱自然，更加积极地保护生态，努力走向社会主义生态文明新时代。"中共十八大报告中这一充满激情和期待的号召，引来了人民大会堂内代表们雷鸣般的掌声。"给自然留下更多修复空间，给农业留下更多良田，给子孙后代留下天蓝、地绿、水净的美好家园。"党代会报告中少见的这种动情的叙述方式着实令人动容，也体现了对待自然的基本态度。改造自然、战胜自然曾经是家喻户晓的口号，然而发展中日益显现的问题使我们明白了，"人定胜天"只是一句豪迈的口号，要生存，必须保护自然。我们强调，不仅要保护自然，还要尊重自然，我们更急切地希望修复遭到破坏的自然。过去，我们对自然占用太多，破坏得太重，而现在，我们需要给自然以修复、疗伤的机会。党的十八大报告提出，必须树立尊重自然、顺应自然、保护自然的生态文明理念，而且要坚持节约优先、保护优先、自然恢复为主的方针。

党的十五大报告明确提出实施可持续发展战略。党的十六大以来，在科学发展观指导下，党中央相继提出走新型工业化发展道路，发展低碳经济、循环经济，建立资源节约型、环境友好型社会，建设创新型国家，建设生态文明等新的发展理念和战略举措。党的十七大报告进一步明确提出了建设生态文明的新要求，并将到2020年成为生态环境良好的国家作为全面建设小康社会的重要要求之一。党的十七届五中全会明确提出提高生态文明水平。绿色建筑、绿色施工、绿色经济、绿色矿业、绿色消费模式、政府绿色采购不断得到推广。"绿色发展"被明确写入"十二五"规划并独立成篇，表明我国走绿色发展道路的决心和信心。绿色发展、循环发展、低碳发展，首次被写入党代会报告，就是向世界宣告：我们要发展环境友好型产业，降低能耗和物耗，保护和修复生态环境；我们要发展循环经济和低碳技术，使经济社会发展与自然相协调。党的十七大报告中在谈到面临的困难和问题时，把经济增长的资源环境代价过大列在第一位。党的十八大报告在提到前进道路上的困难和问题时，"资源环境约束加剧"仍然位列其中。这足以表明，资源环境问题已经成为我们党的关注重点。要真正实现"三大发展"，建设好"美丽中国"，任务仍然艰巨，需要我们高度重视，一步一步攻坚克难，在今后的工作中把生态文明建设不断向前推进。

第二节 努力促进现代化建设各环节各方面的协调关系

一、科学发展观是协调的发展观

要实现全面发展，就必须立足新的历史起点，处理好由发展的阶段性特征所伴生的新矛盾和新问题，因此，协调发展是实现全面发展的正确道路和政策途径。协调发展是指各个方面的发展要相互适应,就是要统筹城乡发展、统筹区域发展、统筹经济社会发展、统筹人与自然和谐发展、统筹国内发展和对外开放,促进现代化建设各个环节、各个方面相协调,促进生产关系与生产力、上层建筑与经济基础相协调。在新世纪进入全面建设小康社会新阶段以后,我国改革进入了综合配套、整体推进的攻坚阶段,处在经济转轨和社会转型的关键时期,面临着完善社会主义市场经济体制的艰巨任务,各种社会利益关系如何统筹兼顾,各类社会重大问题如何妥善解决,已在很大程度上制约着经济的进一步增长。

协调发展的主要内容,就是按照胡锦涛同志强调的"五个统筹"的要求,更大程度地发挥市场在资源配置中的基础性作用,增强企业活力和竞争力,健全国家宏观调控,完善政府社会管理和公共服务职能,为构建社会主义和谐社会提供强有力的体制保障。统筹城乡发展就是要更加注重农村的发展,解决好"三农"问题,坚决贯彻工业反哺农业、城市支持农村的方针,逐步改变城乡二元经济结构,逐步缩小城乡发展差距,实现农村经济社会全面发展,实行以城带乡,以工促农,城乡互动,协调发展。统筹区域发展,就是要积极推进西部大开发,振兴东北地区等老工业基地,促进中部地区崛起,鼓励东部地区率先发展,继续发挥各个地区的优势和积极性,通过健全市场机制、合作机制、互助机制、扶持机制,逐步扭转区域发展差距拉大的趋势,形成东中西部优势互补、共同发展的新格局。统筹经济社会发展，就是大力推行经济发展的同时，更加注重社会发展，加快科技、教育、文化、卫生、体育等社会事业的发展，不断满足人民群众在精神、文化、健康、安全等方面的需求，把加快经济发展与促进社会进步结合起来。统筹人与自然和谐发展，就是要高度重视资源和生态环境问题，处理好经济建设、人口增长与资源利用、生态环境保护的关系，增强可持续发展的能力，推动整个社会走向生产发展、生活富裕、生态良好的文明发展道路。统筹国内发展和对外开放，就是要处理好国内发展和国际经济环境的关系，既利用好外部的有利条件，又发挥好我们的自身优势，利用国际国内两个市场、两种资源，把扩大内需与扩大外需、利用内资与利用外资充分结合起来。

二、促进现代化建设各个环节、各个方面相协调

协调发展要求我们必须保持经济社会发展各要素均衡地、协调地发展。这是我们经过不断实践对于人类社会与自然界的发展规律的一种重新认识，是我们解决经济社会发展过程中各种矛盾的重要方法，也是我们追求的经济社会发展的理性状态，是中国共产党对于马克思发展理论的重要贡献。协调是和谐的手段，和谐是协调的目的。构建和谐社会就是加强协调，注重均衡发展，努力形成结构合理、功能完备、速度相宜和效益质量兼顾的经济

社会的良性发展。马克思主义认为，世界是普遍联系的，任何事物的发展必然与其他事物相互联系、相互制约，只有协调好各方面关系，才能实现健康发展，否则只能是畸形的发展。唯物辩证法的系统结构性原则认为，结构是系统各组成要素相互联系的一种方式，它表现为各个要素之间的比例关系、排列秩序和作用方式等，系统结构合理、各种比例关系协调，系统就能有效地发挥其功能并正常发展，反之就会导致系统功能降低和不能正常发展。在我们全面建设小康社会过程中，各种重大比例关系必须不断调整，各方面利益关系必须兼顾，才能消除比例失衡、结构失调，消除各种社会矛盾，实现快速健康持续发展。

经过30多年的改革开放，我国各项事业均取得了重大成绩，各个方面得到巨大发展，但我们同时也应清楚地认识到在协调发展方面存在的诸多问题，如东中西部收入差距较大、城乡差距较大、不同职业群体的收入差距较大，以及文化、教育、卫生、社会保障事业的发展很不均衡，人与自然的矛盾日益突出等。这些发展中的问题，都需要通过深化改革，用发展的办法来解决。这些问题的解决，直接关系社会的稳定和健康发展，所以我们必须注意协调发展。要解决好"三农"问题，坚决贯彻工业反哺农业、城市支持农村的方针，逐步改变城乡二元经济结构，逐步缩小城乡发展差距，实现农村经济社会全面发展，实行以城带乡，以工促农，城乡互动，协调发展。继续发挥各个地区的优势和积极性，通过健全市场机制、合作机制、互助机制、扶持机制，逐步扭转区域发展差距拉大的趋势，形成东部、中部、西部优势互补，共同发展的新格局。在大力发展经济的同时，把社会保障、就业、人民健康、教育和文化等社会事业的发展放在重要的位置上，全面提高百姓的生活质量。深化教育体制改革，增加教育投入，深化文化体制改革，为百姓拿出更好的文化产品，深化医疗卫生体制改革，加大政府卫生经费投入，让百姓能看得起病。为社会提供安全和公共产品服务，为劳动者提供就业机会和社会保障服务等。要坚持以人为本，扎实解决人民群众关心的环境问题，不断满足人们改善生产生活环境和生态环境的愿望。

第三节 坚持走可持续的文明发展道路

一、科学发展观是可持续的发展观

可持续发展是指发展进程要有持久性、连续性。人类的延续是社会发展的基本前提和基本要求，每一代人的发展都应该为下一代人的更好生存和发展留下空间和条件。因此，我们推进发展，必须充分考虑资源和环境的承受能力，既重视经济增长指标，又重视环境资源指标；必须统筹考虑当前发展和未来发展，既积极满足人民群众现实的物质文化需要，又为子孙后代留下充足的发展条件和发展空间。科学发展观所要求的可持续发展，就是要坚持走生产发展、生活富裕、生态良好的文明发展道路，建设资源节约型、环境友好型社会，实现速度和结构质量效益相统一、经济发展与人口资源环境相协调，使人民在良好生态环境中生产生活，实现经济社会永续发展。

坚持经济社会发展与环境保护、生态建设相统一，既要讲求经济效益，也要重视社会效益和生态效益；坚持资源开发与节约并举，把节约放在首位，在保护中开发，在开发中保护；坚持统筹规划，加大投入，标本兼治，突出重点，有步骤地进行环境治理和建设；坚持依靠科技进步推进环境保护和治理，推进资源开发与节约，依法严格保护环境与生态；坚持深化改革，创新机制，实行政府调控与市场机制相结合，从体制和机制上促进可持续发展。要大力发展循环经济，在经济建设中充分利用资源，提高资源利用效率，减少环境污染。在全社会进一步树立节约资源、保护环境的意识，坚持速度与结构、质量、效益的统一，努力形成有利于节约资源、减少污染的生产模式和消费方式，建设资源节约型和生态保护型社会，增强可持续发展能力，是构建社会主义和谐社会的重要目标之一，也是关系中华民族生存与发展的根本大计。我们要力争到2020年，使生态环境得到进一步改善，推动整个社会走上生产发展、生活富裕、生态良好的文明发展道路。

二、正确把握和处理好各种关系

一是要正确认识和处理当前发展和长远发展的关系。把当前利益和长远利益结合起来，既要考虑当前发展的需要，又要考虑未来发展的需要；既要遵循经济规律，又要遵循自然规律；既要讲究经济社会效益，又要讲究生态环境效益。要从人民群众的根本利益出发，着眼于满足人民群众的需要和促进人的全面发展，着眼于实现现阶段的发展目标和促进可持续发展，切实为人民群众创造良好的生产生活条件，保证有利于中华民族的长远发展。二是要正确认识和处理局部利益和全局利益的关系。全国经济社会发展是一个整体，从根本上说，全局利益和局部利益是一致的。局部要服从全局，全局要照顾局部，要兼顾局部利益和全局利益，努力实现局部利益和全局利益的良性互动。要坚持全国一盘棋，充分发挥中央和地方两个积极性。中央在作出重大部署、制定方针政策时，既要考虑全局利益和长远利益，也要照顾不同地区、部门的特点和利益，区别对待。地方要充分发挥各自的积极性、主动性、创造性，因地制宜地做好工作，但必须坚决维护中央的统一领导，维护中央权威，自觉维护国家的整体利益。要不断增强在大局下行动的自觉性，坚决克服有令不行、有禁不止的现象。只有把中央和地方两个积极性都发挥好，才能把中国的事情办好。三是要正确认识和处理发展的平衡和不平衡的关系。

平衡与不平衡的辩证运动是事物发展的重要特征。事物发展是一个从不平衡到相对平衡再到不平衡的循环往复的过程。实践表明，经济社会发展尤其是大国的经济社会发展，既不是毫无波折的平衡增长过程，也不是一边倒的绝对非均衡增长过程。我国地域广阔，人口众多，不同的地域、群体、行业和领域，因发展起点、资源条件和自然环境以及资金、人力、知识等方面的差异，不平衡发展是必然的。一刀切、一个模式、齐步走是不可能的。既要突出重点，又要兼顾全面；既要巩固已有的基础和优势，又要着力加强薄弱环节；既要善于调动各方面发展的积极性，抓住机遇加快发展，又要注重持续稳定发展，努力实现发展的均衡性。四是要正确认识和处理政府和市场的关系。既要充分发挥市场在资源配置中的基础性作用，增强经济的活力和效率；同时又要充分发挥政府宏观管理和调控的作用，注重克服市场的缺陷和不足，解决市场不能解决的问题。特别是在工业化、城镇化、市场化、国际化进程加快和改革攻坚的过程中，要注重发挥政府在促进就业、调节分配、完善社会保障、实现社会公平、协调城乡和区域发展、保护生态环境、保持经济平稳运行中的作用，努力实现又好又快发展。处理好经济社会发展中的各种关系，必须坚持一切从实际出发，坚持唯物辩证法，因地制宜，因时制宜，及时研究和解决改革发展稳定中出现的新情况新问题，牢牢把握经济建设这个中心，促进经济社会全面协调可持续发展。

总之，全面协调可持续作为一个互相联系、互相制约、互相促进的有机整体，抓住了发展的内在规律，体现了社会主义物质文明、政治文明、精神文明和社会建设的统一，体现了经济社会发展与人口、资源、环境的统一，体现了过去发展、现在发展和未来发展的统一，是科学发展观的基本要求。只有实现全面协调可持续发展，才能保证经济社会又好又快发展，从而实现好、维护好、发展好最广大人民的根本利益。

第五章　　统筹兼顾的根本方法

党的十七大报告指出：统筹兼顾是科学发展观的根本方法。把统筹兼顾作为科学发展观的根本方法提出来，深刻体现了唯物辩证法在发展问题上的科学运用，是我们在中国这样一个十几亿人口的发展中大国治国理政的重要历史经验，是我们处理各方面矛盾和问题必须坚持的重大战略方针，也是我党一贯坚持的科学有效的工作方法，更深刻揭示了实现科学发展、促进社会和谐的根本途径，深刻反映了坚持全面协调可持续发展的必然要求。

第一节　　统筹兼顾的科学内涵

一、统筹兼顾的指导意义

所谓统筹兼顾，就是要求我们在工作中要做到总揽全局、协调各方、统筹谋划、兼顾全面，充分调动一切积极因素，妥善处理各种利益关系，着力加强经济社会发展的薄弱环节。现阶段，按照统筹兼顾的思想，特别是要搞好"五个统筹"，即统筹城乡发展、统筹区域发展、统筹经济社会发展、统筹人与自然和谐发展、统筹国内发展和对外开放，注重实现良性互动和共同发展。要正确认识和妥善处理中国特色社会主义事业中的若干重大问题，包括统筹中央和地方关系，统筹个人利益和集体利益、局部利益和整体利益、当前利益和长远利益，充分调动各方面积极性。统筹国内国际两个大局，树立世界眼光，加强战略思维，善于从国际形势发展变化中把握发展机遇、应对风险挑战，营造良好国际环境。既要总揽全局、统筹规划，又要抓住牵动全局的主要工作、事关群众的突出问题，着力推进、重点突破。在某些时候，为了加快发展，需要某些方面得到突出和加强，成为工作重点，但从全局和长远来看，又要保持均衡，这就叫统筹兼顾。由此可见，统筹兼顾确实是科学发展观思想内涵中极具指导意义的科学方法。

值得强调的是，十七大报告在提出"统筹兼顾"多种重大关系时，特别强调了要把国内国际两个大局摆上重要位置。十七大报告在"必须坚持统筹兼顾"的论述中，除了阐述统筹城乡发展、区域发展、经济社会发展、人与自然和谐发展、国内发展和对外开放"五个统筹"之外，还特别提出"统筹国内国际两个大局"。这表明我们党是在我国全面参与经济全球化,对世界的依存度日益加深的大背景下,提出了推进和谐世界的新的统筹理念。事实证明,我们党树立和谐世界眼光,加强统筹战略思维,从国际形势发展变化中把握发展机遇,营造良好国际环境,这也是我们今天深入学习贯彻落实科学发展观、促进经济社会又好又快发展的"根本方法"之一。

二、统筹兼顾的内涵

统筹城乡发展,就要坚决贯彻工业反哺农业、城市支持农村的方针,逐步改变城乡二元经济结构,加快社会主义新农村建设,着力解决好"三农"问题,逐步缩小城乡发展差距,推动农村经济社会全面发展,形成城乡经济社会一体化新格局。

统筹区域发展,就要继续实施区域发展总体战略,深入推进西部大开发,全面振兴东北地区等老工业基地,大力促进中部地区崛起,积极支持东部地区率先发展,逐步扭转区域发展差距拉大的趋势,形成东中西相互促进、优势互补、共同发展的新格局。

统筹经济社会发展,就要在大力推进经济发展的同时,更加注重社会发展,加快科技、教育、文化、卫生、体育、社会保障、社会管理等社会事业发展,不断满足人民群众在精神文化、健康安全等方面的需求,提高人的素质和人力资源能力,实现经济发展与社会进步的有机统一。

统筹人与自然和谐发展，就要高度重视资源和生态环境问题，处理好经济建设、人口增长与资源利用、生态环境保护的关系，增强可持续发展的能力，推动整个社会走上生产发展、生活富裕、生态良好的文明发展道路。

统筹国内发展和对外开放，就要处理好国内发展和国际环境的关系，既利用好外部的有利条件，又发挥好我们自身的优势，利用国际国内两个市场、两种资源，立足于扩大内需，把扩大内需与扩大外需、利用内资与利用外资结合起来，努力实现国内发展和对外开放相协调。

统筹中央和地方关系，就要尊重基层和群众的首创精神，正确处理中央和地方的关系，合理划分经济社会事务管理的权限和职责，做到事权与财权相匹配、权力与责任相一致，既维护中央的统一领导，又更好地发挥地方积极性。

统筹个人利益和集体利益、局部利益和整体利益、当前利益和长远利益，就要坚持从全体人民的整体利益、长远利益和根本利益出发，做到个人利益服从集体利益、局部利益服从整体利益、当前利益服从长远利益，既切实维护好最广大人民的根本利益，又着力解决好人民最关心、最直接、最现实的利益问题。

统筹国内国际两个大局，就要深刻认识国内大局和国际大局、内政和外交的紧密联系，善于从国际形势和国际条件的发展变化中把握发展方向、用好发展机遇、创造发展条件、掌握发展全局，做到审时度势、因势利导、内外兼顾、趋利避害，为我国发展营造良好国际环境。

第二节 统筹兼顾实践经验的总结

一、统筹兼顾的继承和发展

实行统筹兼顾，是我们党在长期执政过程中的一条重要的历史经验。党的十三届四中全会以后，我们党强调"我们所有的政策措施和工作，都应该正确反映并有利于妥善处理各种利益关系，都应认真考虑和兼顾不同阶层、不同方面群众的利益"。党的十六大以来，新一届中央领导集体集中全党的智慧更是把统筹兼顾提升到了科学发展观的根本方法的高度进行科学阐述，确立了统筹兼顾的发展方法论。

毛泽东同志说过："我们的方针是统筹兼顾、适当安排。""我们作计划、办事、想问题，都要从我国有六亿人口这一点出发，千万不要忘记这一点。"邓小平同志指出："现代化建设的任务是多方面的，各个方面需要综合平衡，不能单打一。""我们必须按照统筹兼顾的原则来调节各种利益的相互关系。"江泽民同志强调："在推进社会主义现代化建设的过程中，必须处理好各种关系，特别是若干带有全局性的重大关系。""我们所有的政策措施和工作,都应该正确反映并有利于妥善处理各种利益关系,都应认真考虑和兼顾不同阶层、不同方面群众的利益。"我们党关于统筹兼顾的丰富思想,深刻揭示了社会主义建设的内在规律,具有十分重大的指导意义。

党的十六大以来,以胡锦涛同志为总书记的党中央,深刻总结我国社会主义建设的历史经验特别是改革开放以来的新鲜经验,适应新形势新任务,进一步发展了统筹兼顾的战略思想。强调在现代化建设进程中,要统筹城乡发展、统筹区域发展、统筹经济社会发展、统筹人与自然和谐发展、统筹国内发展和对外开放,使各个方面的发展相适应、相协调。党的十七大把统筹兼顾作为科学发展观的根本方法,进一步提出统筹中央和地方关系,统筹个人利益和集体利益、局部利益和整体利益、当前利益和长远利益,统筹国内国际两个大局,形成了科学发展观关于统筹兼顾的丰富内容。

二、统筹兼顾的科学概括

统筹兼顾是正确处理经济社会发展中重大关系的方针原则,是全面建设小康社会、加快推进社会主义现代化必须坚持的根本方法。胡锦涛同志指出:在我国改革发展的关键阶段,"我们要推动科学发展、促进社会和谐,必须更加自觉地运用统筹兼顾的根本方法,正确反映和兼顾不同方面的利益"。只有坚持统筹兼顾，我们才能真正处理好我国这样一个十几亿人口的发展中大国的改革发展稳定问题，真正处理好全体人民的根本利益和各方面的具体利益问题，从而把各方面的积极性充分发挥出来，更好地推进党和国家事业发展。

在党的十六届三中全会上提出科学发展观的基本内容，并要求做到"五个统筹"，即统筹城乡发展、统筹区域发展、统筹经济社会发展、统筹人与自然和谐发展、统筹国内发展和对外开放。这"五个统筹"实际上就是"统筹兼顾"正确认识和妥善处理现代化建设中的重大关系。从党和国家全局出发，正确认识和妥善处理现代化建设中的重大关系，是坚持统筹兼顾的必然要求。要坚持统筹全局、兼顾各方，把现代化建设各领域、各环节统筹好、协调好，把社会各阶层、各群体的利益关系统筹好、协调好，在大力推进经济建设的同时促进政治建设、文化建设、社会建设共同发展。必须正确认识和妥善处理涉及经济社会发展的重大关系，实现经济社会各构成要素的良性互动和协调发展。

要统筹城乡发展，按照形成城乡经济社会发展一体化新格局的要求，贯彻工业反哺农业、城市支持农村的方针，正确处理工业和农业、城市和农村、城镇居民和农民的关系，加大以工促农、以城带乡的力度，使稳妥推进城镇化和扎实推进社会主义新农村建设成为我国现代化进程的双轮驱动，逐步解决城乡二元结构矛盾，努力实现城乡共同繁荣。统筹区域发展，继续推进国家区域发展总体战略，积极推进西部大开发，全面振兴东北地区老工业基地，大力促进中部地区崛起，积极支持东部地区率先发展，继续发挥各个地区的优势和积极性，引导生产要素跨区域合理流动和产业合理布局，加强国土规划，推动形成主体功能区，完善区域政策，注重实现基本公共服务均等化，加大国家对欠发达地区财政转移支付力度，大力扶持革命老区、民族地区、边疆地区、贫困地区的发展，逐步形成东中西部相互促进、优势互补、共同发展的新格局。统筹经济社会发展，进一步发挥政府在促进就业、调节分配、完善社会保障、实现社会公平等方面的作用，加快科技、教育、文化、卫生、体育、社会保障、社会管理等社会事业发展，实现经济发展与社会进步的有机统一。统筹人与自然和谐发展，坚持节约资源和保护环境的基本国策，处理好经济建设、人口增长与资源利用、生态环境保护的关系，增强可持续发展的能力。

这些方面的统筹，拓展了统筹兼顾方针的内涵、对象和范围，体现了我们党对社会主义建设规律认识的深化，从而成为深入贯彻落实科学发展观的根本切入点和重要实现途径。

第三节 统筹兼顾的基本要求

统筹兼顾是我们党在长期社会主义建设实践中形成的重要

历史经验，是我们处理各方面矛盾和问题必须坚持的重大战略方针，也是我们党一贯坚持的科学有效的工作方法。既要总揽全局、统筹规划，又要抓住牵动全身的主要工作、事关群众利益的突出问题，着力推进、重点突破。统筹兼顾是正确处理经济社会发展中重大关系的方针原则，是全面建设小康社会、加快推进社会主义现代化必须坚持的根本方法。

一、把握总体布局，实现良性互动

面对当前的复杂情况，实现科学发展，必须统筹兼顾解决好以下问题：必须把协调人与自然的关系放在极其重要的位置上。我们不能不严肃地指出，虽然近些年来人们对于环境的认识有所提高，但是，大多数人对这个问题的认识依然是很不够的，甚至是茫然或漠不关心的。"当我们谈论世界环境危机时，我们所说的并非是战争或者饥荒这类几个铁腕人物就可以很快扭转全局的短期灾难。相反，如今我们所面对的是一种广为扩散的、系统的趋势，它不大可能由紧急关头的史诗般的英雄行为所扭转"。人们还没有真正体会到人类与自然的关系处于生死关头，人口的过度增长和自然资源的快速消耗，将给土壤、水、大气以及生物圈带来人类历史上前所未有的巨大压力。我国的环境和资源状况已经成为社会进一步发展的瓶颈，如果我们还不能清醒地认识到协调人与自然的关系的重要性，不能把发展经济与保护环境协调起来,走可持续发展的道路,我们就将自毁家园。

马克思主义认为,利益,特别是物质利益是人类社会发展和人的发展的内在驱动力。统筹兼顾就是要切实做好利益的协调工作。毋庸讳言,当前我国的城乡之间、地区之间、不同的社会主体之间存在着某种程度的利益失衡的现象,存在某种程度的不平等、不公正的问题。因此,在深化改革的进程中,我们必须进行个人之间、城乡之间和地区之间的利益整合。协调好个人利益与社会利益、集体利益之间的关系,这种调节不是回到平均主义、大锅饭的状态,是把社会分化控制在一个适度的范围内,同时在社会分化中给社会成员、不同地区留下适当的利益空间,保持社会成员不同地区利益满足程度的合理性及社会地位变动的平等性,形成只要通过自己努力,都可获得自己应得的一份利益的合理的社会机制。尤其要避免利益的不合理流动而导致的分配不公。只有切实搞好利益整合,才能充分调动人们的积极性;一个社会只有实现各尽所能、各得其所,才能从根本上促进社会和谐,才能建立社会主义和谐社会。

二、正确处理各方面利益关系

胡锦涛同志指出:在我国改革发展的关键阶段,"我们要推动科学发展、促进社会和谐,必须更加自觉地运用统筹兼顾的根本方法,正确反映和兼顾不同方面的利益"。只有坚持统筹兼顾，我们才能真正处理好我国这样一个十几亿人口的发展中大国的改革发展稳定问题，真正处理好全体人民的根本利益和各方面的具体利益问题，从而把各方面的积极性充分发挥出来，更好地推进党和国家事业发展。

必须充分认识统筹兼顾是贯穿中国特色社会主义建设事业的全过程。统筹兼顾的方法既不是权宜之计，也不是可以一劳永逸的事。因为建设和发展社会主义的伟大事业，是一个过程，是一个不断发展的事业。因而一定时期的矛盾与问题解决了，新的矛盾与问题又会发生。然而不管出现什么情况，发生什么矛盾，都需要我们用统筹兼顾的方法来解决。这个方法将伴随建设中国特色社会主义的始终。

可以说，做好统筹兼顾的工作不仅至关重要，而且任重道远。党和政府组织和领导构建社会主义和谐社会的过程，实际上就是统筹兼顾各个方面工作任务和各个方面利益关系的过程，这就要求，构建和谐社会的实践拓展到哪里，统筹兼顾的工作原则就要贯彻到哪里。

社会的公平和正义是统筹兼顾的目的。只有基于社会公平和正义，才能有效地协调社会群体之间的利益，才能有效地促进经济社会的协调发展，才能有效地调动广大人民群众的积极性。公平正义的理念是社会主义国家制度的首要价值，也是社会主义领导理念的首要价值。为此，我们要在公平正义理念的指引下，通过统筹兼顾实现全面建设社会主义小康社会的目标，让一个充满自信、面向现代化、面向世界、面向未来的社会主义中国巍然屹立在世界的东方。

第六章　　贯彻落实科学发展观的根本保证

　　深入贯彻落实科学发展观，是我国今后经济社会发展的基本指导方针，也是统率中国特色社会主义各项事业大局的中心任务。但是，深入贯彻落实科学发展观，是一个涉及到经济、政治、文化、社会以及改革开放等各个方面的系统工程。因此，在深入贯彻落实科学发展观的过程中，固然要联系实际，扎扎实实地做好各项具体工作，但也不能仅是头疼医头、脚疼医脚，而是要开放视野、系统思考，不断从根本上解决问题。十七大报告正是从这一大局和整体考虑，对深入贯彻落实科学发展观提出了"四个基本要求"，也可以说是"四个根本保证"。

第一节　始终坚持"一个中心、两个基本点"的基本路线

党的基本路线是党和国家的生命线,是实现科学发展的政治保证。深入贯彻落实科学发展观,必须始终坚持"一个中心、两个基本点"的基本路线。

一、坚持党的基本路线是贯彻落实科学发展观的根本保证

改革开放30多年来,中国特色社会主义之所以能在当今世界的深刻变动中蓬勃发展,成为充满生机活力的社会主义;我们党之所以能够经受住国内外政治风波、经济风险的严峻考验,带领全国各族人民排除万难、万众一心,引领中国发展进步,使中国人民稳步走上富裕安康的广阔道路,最根本的原因,就是因为我们始终毫不动摇地坚持党的基本路线。实践告诉我们:只有坚持党的基本路线不动摇,才能真正得到人民的信任和拥护,才能确保中国特色社会主义的航船始终沿着正确方向破浪前进。

二、以经济建设为中心是贯彻落实科学发展观的物质基础

在新的历史起点上,深入贯彻落实科学发展观,夺取全面建设小康社会新胜利,开创中国特色社会主义事业新局面,必须一以贯之地坚持党的基本路线,始终坚持以经济建设为中心,发展社会主义市场经济、发展社会主义民主政治、发展社会主义先进文化、构建社会主义和谐社会,努力建设富强民主文明和谐的社会主义现代化国家。我们必须始终铭记邓小平同志的谆谆教诲:"基本路线要管一百年,动摇不得。"要更加自觉、更加全面地贯彻党的基本路线,牢牢把握以经济建设为中心同四项基本原则、改革开放这两个基本点之间相互贯通、相互依存、不可分割的辩证统一关系,坚定不移地把以经济建设为中心同四项基本原则、改革开放这两个基本点统一于发展中国特色社会主义的伟大实践,不为任何风险所惧,不被任何干扰所惑。

三、四项基本原则是贯彻落实科学发展观应坚持的政治方向

党的十一届三中全会以后,我们党系统总结新中国成立以来的历史经验,彻底否定"文化大革命"的错误理论和实践,正确分析社会主义初级阶段基本国情和主要矛盾,顺应时代要求和人

民愿望，提出了党在社会主义初级阶段的基本路线，这就是"领导和团结全国各族人民，以经济建设为中心，坚持四项基本原则，坚持改革开放，自力更生，艰苦创业，为把我国建设成为富强民主文明和谐的社会主义现代化国家而奋斗"。坚持社会主义道路，坚持人民民主专政，坚持中国共产党的领导，坚持马克思列宁主义毛泽东思想，这四项基本原则，是支撑我们共和国大厦的四根支柱，是贯彻落实科学发展观，发展中国特色社会主义的根本政治保障，任何时候都不能动摇。

四、改革开放是贯彻落实科学发展观的动力源泉

改革开放是新时期最鲜明的特点。实践证明，改革开放是我们党和国家发展进步的活力源泉，是发展中国特色社会主义、实现民族复兴的必由之路。

党的基本路线为党和国家的发展指明了正确方向，为中国特色社会主义事业奠定了根本基础。以经济建设为中心是兴国之要，是我们党、我们国家兴旺发达和长治久安的根本要求；四项基本原则是立国之本，是我们党、我们国家生存发展的政治基石；改革开放是强国之路，是我们党、我们国家发展进步的活力源泉。党的基本路线体现了亿万中国人民的共同意志，是凝聚全党全国人民共同奋斗的政治基础。

第二节　积极构建社会主义和谐社会

社会和谐是中国特色社会主义的本质属性。科学发展和社会和谐相互促进、内在统一，是发展中国特色社会主义的基本要求。没有科学发展就没有社会和谐，没有社会和谐也难以实现科学发展。构建社会主义和谐社会是贯穿中国特色社会主义事业全过程的长期历史任务，是在发展的基础上正确处理各种社会矛盾的历史过程和社会结果。必须把科学发展与社会和谐更好地统一起来，积极构建社会主义和谐社会，努力在科学发展中实现社会和谐，在社会和谐中促进科学发展。

社会主义和谐社会是经济建设、政治建设、文化建设、社会建设协调发展的社会，是人与人、人与社会、人与自然整体和谐的社会。要按照民主法治、公平正义、诚信友爱、充满活力、安定有序、人与自然和谐相处的总要求，努力实现全体人民共同建设、共同享有的和谐社会的目标。民主法治，就是社会主义民主得到充分发扬，依法治国基本方略得到切实落实，各方面积极因素得到广泛调动；公平正义，就是社会各方面的利益关系得到妥善协调，人民内部矛盾和其他社会矛盾得到正确处理，社会公平和正义得到切实维护和实现；诚信友爱，就是全社会互帮互助、诚实守信，全体人民平等友爱、融洽相处；充满活力，就是能够使一切有利于社会进步的创造愿望得到尊重，创造活动得到支持，创造才能得到发挥，创造成果得到肯定；安定有序，就是社会组织机制健全，社会管理完善，社会秩序良好，人民群众安居乐业，社会保持安定团结；人与自然和谐相处，就是经济社会发展与人口、资源、环境相适应，建设良好生态文明。社会主义和谐社会的这些基本特征是相互联系、相互作用的，必须在全面建设小康社会进程中全面贯彻和体现。

构建社会主义和谐社会，必须正确认识和妥善处理人民内部矛盾和其他社会矛盾。社会主义和谐社会并不是没有矛盾的社会。构建社会主义和谐社会的过程，是妥善处理各种矛盾、不断消除不和谐因素、不断增加和谐因素的过程。随着改革发展进入关键阶段，我国社会出现了人民内部矛盾多发多样的状况。要正确认识我国社会深刻变革中出现的新矛盾新问题，提高解决社会矛盾的本领，找到化解矛盾的正确途径和有效方法，形成妥善处理各种矛盾的体制机制。要科学分析和正确把握现阶段人民内部矛盾产生的原因，注重从源头上减少矛盾的发生。畅通群众的诉求渠道，完善信访工作责任制，综合运用法律、政策、经济、行政等手段和教育、协商、疏导等办法，依法及时合理地处理群众反映的问题。要深入基层、深入群众，加强矛盾纠纷排查工作，坚决依法纠正损害群众利益的行为，着力避免因决策失误和工作不当引起群众不满和抱怨。要积极预防和妥善处置群体性事件，坚持依法办事、按照政策办事，既依法维护群众正当权益，又依法维护社会安定团结。

第三节　继续深化改革开放

改革开放是当代中国的主旋律，是中国特色社会主义发展前进的成功之路，是推动各项事业发展的根本动力。深入贯彻落实科学发展观，要求我们毫不动摇地坚持改革开放的正确方向，进一步坚定改革开放的决心和信心，加快重要领域和关键环节的改革开放步伐，为科学发展提供强大动力和体制保障。

新时期最鲜明的特点是改革开放，最显著的成就是快速发展，最突出的标志是与时俱进。改革开放为中国的发展奠定了坚实的物质基础，凝聚了强大的精神力量。通过这场伟大革命的洗礼，中国人民的面貌、社会主义中国的面貌发生了历史性变化，中华民族大踏步赶上时代前进潮流、迎来伟大复兴的光明前景，一个面向现代化、面向世界、面向未来的社会主义中国巍然屹立在世界的东方。事实雄辩地证明，改革开放是决定当代中国命运的关键抉择，是发展中国特色社会主义、实现中华民族伟大复兴的必由之路；只有社会主义才能救中国，只有改革开放才能发展中国、发展社会主义。

必须始终坚持改革开放的正确方向。我们党领导的改革开放绝不是要改掉社会主义制度。苏联和东欧一些国家的"改革"最终导致社会主义制度瓦解、执政地位丧失甚至国家解体，主要原因就是放弃了社会主义制度。我们党领导的改革开放之所以实现了目的和效果的高度统一，就在于我们始终坚持从我国社会主义初级阶段基本国情出发，既坚定不移地进行改革开放，又坚定不移地坚持党的领导、坚持社会主义方向；既坚持科学社会主义基本原则，又赋予社会主义以鲜明的时代特征和中国特色；既认真借鉴国外发展市场经济的有益做法，又积极探索我国社会主义基本制度和市场经济体制有机结合的新途径、新方式。

必须注重提高改革决策的科学性、增强改革措施的协调性、正确处理改革发展稳定的关系。要深刻认识中国经济社会发展的特点和规律，及时研究和解决改革进程中出现的新情况新问题，把加快改革的紧迫感同坚持科学求实的精神很好地结合起来，充分考虑有利条件和可能出现的困难。要坚持统筹兼顾、综合配套、协调推进，把改革的阶段性目标和总体目标有机统一起来，把需要和可能结合起来，努力实现经济体制改革与政治体制改革、文化体制改革、社会体制改革相协调，宏观改革与微观改革相协调，城市改革与农村改革相协调，使改革兼顾各方面利益、照顾各方面的关系，形成共同推进改革的整体合力。要把改革的力度、发展的速度和社会可承受的程度有机统一起来，把改善人民生活作为正确处理改革发展稳定关系的结合点，在社会稳定中推进改革和发展，通过改革和发展促进社会稳定。

在经济全球化深入发展和我国对外开放不断扩大的条件下，我国经济同世界经济的互动日益增多、联系更加密切。我国经济发展对世界经济增长的贡献越来越大，对国际市场和国外资源的依赖程度也在提高。要深化沿海开放，加快内地开放，提升沿边开放，实现对内对外开放相互促进。加快转变外贸增长方式，立足以质取胜，调整进出口结构，促进加工贸易转型升级，大力发展服务贸易，加大对自主品牌的培育和支持力度，增强应对国际市场波动的能力。创新利用外资方式，优化利用外资结构，发挥利用外资在推动自主创新、产业升级、区域协调发展等方面的积极作用，把利用外资与促进国内产业结构优化升级结合起来，改善贸易投资环境，形成稳定、透明的管理体制和公平、可预见的政策环境。继续实施"走出去"战略，创新对外投资和合作方式，鼓励和支持有条件的企业对外投资和跨国经营，积极稳妥地推进境外经贸合作区建设，实施自由贸易区战略，积极探索国际投资合作的新形式。积极开展国际能源资源互利合作，努力建立多元、稳定、可靠的能源资源供给保障。注重防范国际经济风险，维护国家经济安全。

第四节　切实加强和改进党的建设

办好中国的事情，关键在党；把科学发展观真正落到实处，关键也在党。深入贯彻落实科学发展观，要求我们站在完成党执政兴国使命的高度，切实加强和改进党的建设，把提高党的执政能力、保持和发展党的先进性，体现到领导科学发展、促进社会和谐上来，落实到引领中国发展进步、更好地代表和实现最广大人民的根本利益上来，使党的工作和党的建设更加符合科学发展观的要求，为科学发展提供可靠的政治和组织保障。

必须深刻认识到，世情、国情、党情的发展变化对增强党的执政能力、保持党的先进性提出了新的要求。我们党已经成立92年，在全国执政63年，国际国内形势正在发生广泛深刻的变化，党领导的改革开放既给党注入巨大活力，也使党面临许多前所未有的新课题新考验。我们党面临的执政考验、改革开放考验、发展社会主义市场经济考验将是长期的、复杂的，管党治党的任务比过去任何时候都更为繁重。应当看到，当前，党的执政能力与新形势新任务的要求还不完全适应、不完全符合；一些党员、干部的思想观念、能力素质与党的先进性要求还不完全适应、不完全符合；一些基层党组织的管理手段和创新能力与经济社会发展任务还不完全适应、不完全符合；一些地方的党组织、领导班子、领导干部党性党风党纪方面还存在这样那样的问题。只有抓紧解决这些突出问题，才能使党经受住各种考验，始终保持同人民群众的血肉联系，始终带领人民走在时代前列，始终成为中国特色社会主义事业的坚强领导核心。

必须把加强党的执政能力建设同学习实践科学发展观结合起来。科学发展观进一步丰富了党的执政理念，对加强党的执政能力建设提出了新要求。提高党的执政能力，首先要提高党领导科学发展的能力。要在运用科学发展观指导经济社会发展的实践中，不断提高驾驭社会主义市场经济的能力、发展社会主义民主政治的能力、建设社会主义先进文化的能力、构建社会主义和谐社会的能力、应对国际局势和处理国际事务的能力。要把提高领导水平和执政能力作为各级领导班子建设的核心内容抓紧抓好，按照科学执政、民主执政、依法执政的要求，改进领导班子思想作风，提高领导干部执政本领，改善领导方式和执政方式，把各级领导班子建设成为坚定贯彻党的理论和路线方针政策、善于领导科学发展的坚强领导集体，把干部队伍建设成为贯彻落实科学发展观的骨干力量。要加强和改进党对经济社会发展的领导，按照把握方向、谋划全局、提出战略、制定政策、推动立法、营造良好环境的要求，不断完善党领导经济社会发展的体制机制和方式，加强和改进对经济社会重大事务的综合协调。

必须把加强党的先进性建设同学习实践科学发展观结合起来。科学发展观赋予党的先进性建设新的时代内涵和历史任务，深入贯彻落实科学发展观，推动经济社会又好又快发展，是党的先进性在当代中国最重要最具体的体现，也是新的历史条件下加强党的先进性建设的重要着力点和衡量标准。要把加强党的先进性建设作为一项长期历史任务不断推进，通过加强党的先进性建设，使党的理论和路线方针政策顺应时代发展的潮流和我国社会发展进步的要求、反映全国各族人民的利益和愿望，使我们党始终走在时代前列、始终保持旺盛的生机和活力。要着力加强党的基层建设，全面推进农村、企业、城市社区和机关、学校、新社会组织等的基层党组织建设，充分发挥基层党组织推动发展、服务群众、凝聚人心、促进和谐的作用。要扎实抓好党员队伍建设这一基础工程，不断提高广大党员的自身素质，使党员真正成为牢记宗旨、心系群众的先进分子。全面巩固和发展先进性教育活动成果，健全让党员经常受教育、永葆先进性的机制。

第七章

科学发展观的总体布局:"五位一体"

中国特色社会主义事业,是一项前无古人的伟大事业。在推进这一伟大事业的进程中,我们党不断探索和实践它所包含的各方面目标任务,不断形成和完善中国特色社会主义的总体布局。胡锦涛同志在十八大报告中指出,必须更加自觉地把全面协调可持续作为深入贯彻落实科学发展观的基本要求,全面落实经济建设、政治建设、文化建设、社会建设、生态文明建设"五位一体"的总布局,促进现代化建设各个方面相协调。胡锦涛同志明确提出建设中国特色社会主义,总布局是"五位一体"。从以前的"四位一体"发展到"五位一体"是对科学发展观内涵的拓展和深化,彰显了科学发展观的科学内核。

第一节 生态建设纳入总体布局

把中国特色社会主义建设的总体布局确定为经济建设、政治建设、文化建设、社会建设、生态文明建设"五位一体",是十八大报告作出的新论断,这表明我们党对中国特色社会主义建设规律从认识到实践都达到了新的水平。

1986年党召开的十二届六中全会首次提出,以经济建设为中心,坚定不移地进行经济体制改革,坚定不移地进行政治体制改革,坚定不移地加强精神文明建设的总体布局,即"三位一体"总体布局。2003年9月2日,胡锦涛同志第一次在公开发表的讲话中使用了"科学发展观"一词,指出"要牢固树立协调发展、全面发展、可持续发展的科学发展观,积极探索符合实际的发展新路子"。2003年10月,温家宝在国庆讲话中阐述了科学发展观的主要思想,强调全面、协调、可持续发展应该成为长期坚持的重大指导方针。十六届三中全会正式确认了科学发展观的基本内容,"坚持以人为本,树立全面、协调、可持续的发展观,促进经济社会和人的全面发展",要"按照统筹城乡发展、统筹区域发展、统筹经济社会发展、统筹人与自然和谐发展、统筹国内发展和对外开放的要求",推进改革和发展。至此,科学发展观的基本体系和内在逻辑已经确立。科学发展观的核心和本质是"以人为本",其基本内容是"全面协调可持续发展",其基本要求是统筹兼顾，具体内容是"五个统筹"。

2006年党召开的十六届六中全会提出构建社会主义和谐社会的重大任务，总体布局中增加了社会建设——"三位一体"拓展为"四位一体"。党的十八大顺应人民群众对良好生态环境的迫切期待，把生态文明建设放在了突出位置，纳入总体布局——"四位一体"拓展为"五位一体"。建设生态文明，是关系人民福祉、关乎民族未来的长远大计。

传统的发展观，偏重于物质财富的增长而忽视人的全面发展，简单地把经济增长等同于经济发展而忽视社会的全面进步，相应地把国内生产总值的增长作为衡量一个国家和地区经济社会发展的核心标尺而忽视人文的、资源的、环境的指标，单纯地把自然界看作人类生存和发展的索取对象而忽视了自然界首先是人类赖以生存和发展的基础。在传统发展观的影响下，尽管人类曾创造了历史上从未有过的经济奇迹，积累了丰富的物质财富，但也为此付出了巨大的代价：资源浪费、环境污染和生态破坏的现象屡见不鲜，人们的生活水平和质量往往不能随着经济增长而相应提高，甚至出现严重的两极分化和社会动荡。如果社会事业发展滞后，经济也难以实现持续较快发展。改革开放以来，各项社会事业建设虽然取得明显进步，但总体上看，经济发展和社会发展，存在着"一条腿长、一条腿短"的问题。这不得不引起我们的重视。

按照科学发展观的理论体系和内在逻辑，生态环境建设应当体现在总体战略布局中。首先，战略总体布局应当体现科学发展观的核心和本质。把生态环境建设纳入总体战略布局直接体现了"以人为本"的要求。我国60%的水观测点数据表明水质欠佳。3亿人喝的水不符合标准，约有1亿以上的人口呼吸不到新鲜空气。根据联合国开发总署报告，中国空气污染严重地区死于癌症人数比空气良好地区高4.7倍～8.8倍。上海10年间肺癌死亡率上升到了50%以上。北京10年前肺癌发病人数每年为800多人，现在是3000多人。这些情况表明，必须把"生态环境建设"纳入总体战略布局，以体现"以人为本"的要求。

其次，战略总体布局应当体现科学发展观的基本内容。全面协调可持续发展是科学发展观的基本内容。把生态环境建设纳入总体战略布局既体现了"全面"的要求，也体现了"可持续发展"的要求，后者直接要求落实于生态环境建设。如果在总体战略布局上不能充分反映这一点，可持续发展就不能得到充分的贯彻和落实。面对资源约束趋紧、环境污染严重、生态系统退化的严峻形势，把生态文明建设放在突出地位，融入经济、政治、文化、社会建设各方面和全过程，既是科学发展、和谐发展的要求，也是科学发展、和谐发展的内容，还是科学发展、和谐发展的保证。这是对人类赖以生存的地球家园的尊重和爱护，是中华文化和谐理念的当代彰显。"五位一体"总体布局，标志着我们党对经济社会可持续发展规律、自然资源永续利用规律和生态环保规律的认识进入了新境界。中国特色社会主义，既是经济发展、政治民主、文化先进、社会和谐的社会，又是生态环境良好、人与自然和谐的社会。

建设中国特色社会主义，总依据是社会主义初级阶段，总布局是"五位一体"，总任务是实现社会主义现代化和中华民族伟大复兴。发展中国特色社会主义是一项长期的、艰巨的历史任务，必须准备进行具有许多新的历史特点的伟大斗争。我们一定要毫不动摇地坚持、与时俱进地发展中国特色社会主义，不断丰富中国特色社会主义的实践特色、理论特色、民族特色、时代特色。这是胡锦涛同志在党的十八大报告中对建设中国特色社会主义提出的具有划时代意义的科学论断，也是对如何建设中国特色社会主义的科学定位，更是科学发展观的基本要求和必然结果。

第二节　坚持走文明发展道路

坚持生产发展、生活富裕、生态良好的文明发展道路，关系广大人民群众的切身利益，关系实现又好又快的发展要求，关系中华民族的生存发展，是坚持全面协调可持续基本要求的重要体现，是贯彻落实科学发展观的必然选择。

要正确认识生产发展、生活富裕、生态良好是紧密联系、辩证统一的关系。生产发展，是走文明发展道路的基础环节。离开生产发展，社会进步就失去了前提，生活富裕也不可能实现。生活富裕，是走文明发展道路的重要体现。不断提高整个社会的物质和精神生活水平，使社会财富得到合理分配，使全体社会成员共享发展成果，人类文明才能不断进步。生态良好，是走文明发展道路的应有之义。遵循经济规律和自然规律，合理利用自然资源，保护和优化生态环境，坚持可持续发展，实现人与自然和谐相处，人类文明才能得到持久永续发展。

坚持文明发展道路，就要在经济社会发展过程中，把推进生产发展、实现生活富裕、保持生态良好有机统一起来，坚持以生产发展为基础，以生活富裕为目的，以生态良好为条件，努力实现社会经济系统和自然生态系统的良性循环。要按照全面协调可持续的基本要求，全面推进中国特色社会主义事业，使社会生产力特别是先进生产力不断发展，使国家的经济实力和综合国力不断增强，人们生活质量和富裕程度持续提高，享有的民主权利和法制保障更加充分，精神生活和精神追求更加丰富高尚，社会更加和谐稳定和充满活力，实现人们在良好生态环境中生产生活的目的。

坚持文明发展道路，是根据我国国情作出的正确抉择。我国人口众多，人均资源占有量少，人均水资源占有量仅为世界平均水平的四分之一，人均耕地不到世界平均水平的二分之一，矿产资源人均占有量只有世界平均水平的二分之一，总体上资源紧缺是我国的一个基本国情。改革开放以来，我国经济社会发展取得了举世瞩目的成就，但由于经济增长过度依赖资源消耗的传统发展模式，一些地区的发展以牺牲环境为代价，造成了比较严重的环境污染和生态破坏。发达国家上百年工业化过程中分阶段出现的环境问题，在我国已经集中出现。特别是随着我国工业化、信息化、城镇化、市场化、国际化深入发展和人口不断增加，能源、水、土地、矿产等资源不足的问题越来越突出。坚持文明发展道路，是应对资源环境问题、实现可持续发展的必然要求，是关系中华民族生存和长远发展的根本大计。

建设生态文明，是党的十七大首次提出的一项重要战略任务，标志着我们党对坚持文明发展道路认识的进一步深化。自然界是包括人类在内的一切生物的摇篮，是人类赖以生存和发展的基本条件。建设生态文明是对传统文明形态特别是对工业文明进行深刻反思形成的认识成果，也是在建设物质文明过程中保护和改善生态环境的实践成果。建设生态文明不是否定工业文明，而是强调先进的工业文明必须实现人与自然的和谐，使人们在享有现代物质文明成果的同时，又能保持和享有良好的生态文明成果。要充分认识实现工业化和信息化与推进生态文明建设的关系，坚持以资源承载力为基础、以自然规律为准则、以可持续发展为目标，形成节约能源资源和保护生态环境的产业结构、增长方式、消费模式，努力建设资源节约型、环境友好型社会。

十六大在提出"全面建设小康社会"目标时，对我国所处阶段的基本情况进行了定位分析，指出这一阶段除了存在其他问题以外，"生态环境、自然资源和经济社会发展的矛盾日益突出"。根据这一判断，十六大将生态环境建设作为全面建设小康社会的四个基本目标之一，其基本要求是"可持续发展能力不断增强，生态环境得到改善，资源利用效率显著提高，促进人与自然的和谐，推动整个社会走上生产发展、生活富裕、生态良好的文明发展道路"。

十六届三中全会关于完善社会主义市场经济体制的《决定》对资源环境的分析使用了"资源环境压力加大"的程度化表述，提出了"坚持以人为本，树立全面、协调、可持续的发展观"和"统筹人与自然和谐发展"的要求，明确要"建立促进经济社会可持续发展的机制"。

把节约资源作为基本国策，发展循环经济，保护生态环境，加快建设资源节约型、环境友好型社会，促进经济发展与人口、资源、环境相协调。推进国民经济和社会信息化，切实走新型工业化道路，坚持节约发展、清洁发展、安全发展，实现可持续发展。这些对策是冠在"必须加快转变经济增长方式"的标题下论述的，但其基本内容阐述了生态环境建设的目标，体现了全面贯彻落实科学发展观必须坚持的基本原则。总的来看，十六大以来通过对历史阶段的定位分析和形势分析，我们已经逐步明确了生态环境问题的重要性、紧迫性和全局性，逐步将生态环境建设确定为这一历史阶段的基本任务，逐步将这一任务具体化并体现于相应的战略体系中。将"生态环境建设"纳入战略总体布局既符合这一阶段的发展趋势，也反映了这一阶段生态环境所面临的严峻局面和特殊要求，体现了我们战略分析的基本指向。

第三节 推进"五位一体"的全面建设

科学发展观基本要求是全面协调可持续，这是从全局高度把握中国特色社会主义事业的重要体现，反映了我们党对社会主义现代化建设规律的深刻认识，揭示了把科学发展观贯彻到各个方面的切入点。深入贯彻落实科学发展观，要坚持这一基本要求，努力促进现代化建设的各个环节、各个方面相协调，全面推进社会主义经济建设、政治建设、文化建设、社会建设以及生态文明建设。

"建设中国特色社会主义，总依据是社会主义初级阶段，总布局是'五位一体'，总任务是实现社会主义现代化和中华民族伟大复兴。"胡锦涛同志在十八大报告中指出，"必须更加自觉地把全面协调可持续作为深入贯彻落实科学发展观的基本要求，全面落实经济建设、政治建设、文化建设、社会建设、生态文明建设'五位一体'总体布局，促进现代化建设各方面相协调，促进生产关系与生产力、上层建筑与经济基础相协调，不断开拓生产发展、生活富裕、生态良好的文明发展道路。"

从十六大的"三位一体"，到十七大的"四位一体"，增加了社会建设的重要内容，强调构建社会主义和谐社会的重大任务，从注重物的增长到尊重人的发展，这是在着力解决现代化进程中人与人的关系，为现代化进程提供稳定的社会架构，是科学发展的内在要求。从十七大的"四位一体"到如今的"五位一体"，增加了生态文明建设，强调为人民创造良好的生产生活环境，这是在着力解决现代化进程中人与自然的关系，努力使中国的现代化走上可持续发展道路，这是科学发展的本质要求和升华之举。

从十六大构建社会主义和谐社会战略任务的"三位一体"，到"四位一体"写入十七大党章，再到前所未有地将"五位一体"写入十八大报告，社会建设、生态文明建设相继成了同政治建设、经济建设、文化建设同样重要的战略，成为推进中国特色社会主义事业建设的重要支撑，这不仅是党对社会主义建设规律、社会发展规律、共产党执政规律的最新探索与认识成果，也是党积极顺应时代潮流、主动满足民众期待、代表最广大人民根本利益的一种体现，这不仅显示了党善于在总结实践经验基础上进行理论创新，更彰显出党在推进各方面事业发展上坚持科学发展观的重要思想。

按照科学发展观的理论体系和内在逻辑,生态环境建设应当被体现在总体战略布局中。在经济建设、政治建设、文化建设、社会建设之后,强调加强生态文明建设,使中国特色社会主义事业总体布局从"四位一体"发展为"五位一体",是我国经济社会发展的必然要求。

这一发展,顺应了人民群众的新期待。"开着宝马喝污水,是对现代化的极大讽刺。"当前我国发展中的突出矛盾之一是经济发展的资源环境压力加大,由环境恶化引发的种种污染问题成为制约经济社会持续发展、影响社会和谐安定的重大因素之一。以污染环境和过度消耗自然资源为代价的增长没有前途,实现人与自然和谐相处的可持续发展,是经济社会发展的必由之路。

这一发展,体现了科学发展观的基本要求。"既要金山银山,也要绿水青山。"生态文明是科学发展观的基本内涵之一,尊重自然规律,保护生态环境,做到人与自然和谐相处、协调发展,人民群众的生活质量才有保障,经济社会发展才能持续。

这一发展,表明我们党对社会主义建设规律的认识不断提高。从改革开放初期强调物质文明和精神文明"两手抓,两手都要硬"到现在的"五位一体"总体布局,我们党不断总结社会主义建设经验,深化对社会主义建设规律的认识,丰富治国理政实践,执政能力不断提高。 这一发展,宣示中国迈上了经济社会发展的新征程。中国是最大的发展中国家,加强生态文明建设不但会使全国的经济、社会、环境、民生面貌焕然一新,而且将对世界生态文明建设作出巨大贡献。

我们有理由相信,党的十八大提出的生态文明建设思想,一定会使中国特色社会主义更具魅力和感召力,一定会让中华民族伟大复兴的前景更加光明。总之"五位一体"总布局不是凭空的理论创造,而是我们党在领导人民建设中国特色社会主义的实践中认识不断深化的结果。邓小平同志首先提出物质文明、精神文明的"两个文明"建设。此后,我们党在此基础上提出经济、政治、文化建设的"三位一体"。在提出科学发展观与和谐社会的理念后,中共将以改善民生为重点的社会建设提上重要日程;五年前的十七大上,又将经济、政治、文化、社会建设"四位一体"的中国特色社会主义事业总体布局,写入党的章程;"五位一体"的新布局是在科学发展观指导下产生的,更加强调均衡、可持续和以人为本的发展。这五大建设是相互影响的有机整体:经济建设是根本,政治建设是保障,文化建设是灵魂,社会建设是条件,生态文明建设是基础。

第八章

科学发展观的重要途径:"两个转变"

深入贯彻科学发展观,实际是推动我国生产力、生产关系和上层建筑不断变革的过程。党的十七大报告指出:"实现未来经济发展目标,关键要在加快转变经济发展方式、完善社会主义市场经济体制方面取得重大进展。"从目前我国实际情况来看,深入贯彻科学发展观,关键同样也在于实行上述两个转变,即一是经济发展方式的转变,二是体制机制的转变。

第一节　经济发展方式的转变

一、我国经济发展方式存在的主要问题

经济结构的不合理。由现行的我国经济运行状况来看，我国经济的产业结构（包括产业内部结构和不同产业之间的比例）不合理，还包括地域结构、城市乡村结构、企业中间的组织生产结构商品结构、分配结构等都存在不合理的地方。另外，我们的农村、农业、农民问题已经由来已久，改革的呼声也越来越高了，但是很长一段时间也没有得到显著改善。再就是传统的低端产业、高污染、高投入产业依然是主流，第三产业相对于发达国家来说还远远落后，产业结构不协调。这个阶段是每个国家都不可避免的时期，在发展的同时，还需要应对资源少、人口多、生态破坏严重、污染大等问题。因此，这个发展阶段显得尤为艰难。纵观这三个阶段，都存在不合理的部分。在结构不协调状态下的发展，会有相当一部分是毫无意义的增长。第一产业中，农业基础相当不足，设备、技术落后制约了该产业自身的发展；农村社会保障并没有落到实处，增收困难。服务业对我国国民收入的贡献仅在三成以下，还没有赶上有些落后国家的五成水平，发达国家则是六七成。由此看来第三产业落后，就会影响整个国家所有产业的连接性运作，供应链是脱节的，每个环节落后一步，最后

生产效率势必会低下，进而影响各个产业的更新换代、分工协作的协调进行，最后就影响了整个国民经济的发展质量。第二产业虽然相对实力雄厚，但仍然是粗放的发展方式，对国外的依赖性强，缺乏自主创新的科技。投资与消费需求失衡众所周知，拉动经济发展的三大力量，一靠投资、二靠消费、三靠出口。但是三者必须维持合理的最佳比例才能真正促进经济的发展进步。在2008年到2011年间的投资率是43%、45%、48%、52%，虽然经济在增长，可消费并没能跟上。这样的不可持续的高速增长，我们并不能称之为平衡与和谐，因为资源循环利用没有得到落实。如果从资源投入和最终的结果来看，发展模式应该归结为这两种：第一种是传统的单向线性过程——"资源－产品－废弃物"，投入多，获取的多，相应地污染也就严重；第二种是循环的环形模式——"资源－产品－再生资源"。这种方式实现了资源回收与重复利用，提高了单位资源的产出效率，还可以降低我们的经济发展对生态和环境的压力。

二、转变经济发展方式的主要任务

加快转变经济发展方式，就必须坚持走中国特色新型工业化道路，促进经济增长由主要依靠投资、出口拉动向依靠消费、投资、出口协调拉动转变，由主要依靠第二产业带动向依靠第一、第二、第三产业协同带动转变，由主要依靠增加物质资源消耗向主要依靠科技进步、劳动者素质提高、管理创新转变，推动产业结构优化升级，增强发展的协调性和可持续性。提高自主创新能力，建设创新型国家，这是国家发展战略的核心，是提高综合国力的关键，是实现又好又快发展的重要途径。必须按照自主创新、重点跨越、支撑发展、引领未来的要求，加快建设国家创新体系。加快建立以企业为主体、市场为导向、产学研相结合的技术创新体系。大力实施人才强国战略，加快培育创新型科技人才。必须坚持走中国特色农业现代化道路，建立以工促农、以城带乡长效机制，形成城乡经济社会发展一体化新格局。加强农业基础地位，推进现代农业建设，按照生产发展、生活宽裕、乡风文明、村容整洁、管理民主的总要求，扎实推进社会主义新农村建设。必须坚持走中国特色城镇化道路，坚持大中小城市和小城镇协调发展的方针，按照统筹城乡、布局合理、节约土地、功能完善、以大带小的原则，积极稳妥地推进城镇化。必须坚定不移地扩大国内需求特别是消费需求，努力调整投资和消费关系，把扩大国内需求和合理利用国外需求很好地结合起来，不断增强内需特别是消费需求对经济增长的拉动作用，促进经济平稳较快增长。

  实现又好又快发展，必须加快转变经济发展方式。这是关系国民经济全局紧迫而重大的战略任务，是提高我国经济国际竞争力和抗风险能力的根本举措，是实现全面建设小康社会奋斗目标的重要保证。由转变经济增长方式到转变经济发展方式，虽然只是两个字的改变，但有着十分深刻的内涵。增长并不等于发展。转变经济发展方式，除了涵盖转变经济增长方式的全部内容外，还对经济发展的理念、目的、战略和途径等提出了新的更高要求。我国正处于改革发展的关键阶段，也是工业化、现代化的重要时期。能不能适应国际环境的新变化，适应我国发展的新要求，在转变经济发展方式上取得重大突破，关系到我们能不能牢牢把握发展的主动权、能不能在较长时期内继续保持经济平稳较快发展。

三、转变经济发展方式的基本途径和措施

转变经济发展方式的内涵，不仅仅指从粗放增长向集约增长的转变或从外延增长向内涵增长的转变，还应该包括以下几项基本转变。

向发展目标多元化转变。转变经济发展方式，就是要用综合的目标体系来考察经济运行情况。这些指标应包括：经济结构（包括产业结构、城乡结构、区域结构等）的优化程度；公平分配和消灭贫困的程度；资源和环境对经济发展的承载程度；减少失业的程度，因为就业是最大的民生问题，是经济发展是否协调健康的一个重要标志；向经济增长的质量和效益并举转变。经过改革开放以来经济的快速发展，我国就总体而言已成为世界经济

大国，但还远不是世界经济强国。从中国自主品牌在世界上的位置来看，尽管中国已有170多类产品的产量居世界第一位，但以自主品牌参与国际市场的尚不足20%。由此可见，转变经济发展方式正是我国迅速、平稳地从经济大国向经济强国转型的战略选择。

向以人为本这一发展核心转变。按照旧的增长理论推导，在一定的发展阶段，资本稀缺会成为发展中国家经济增长的制约因素，因而加快发展的关键是资本积累，资本成为经济增长的主导因素。当然，资本的聚集与投入可以推动社会经济在短期内实现几何级数的增长，但由于这种增长是由大规模的物质投入来支撑，因而是难以为继的。特别是在知识经济迅速发展的今天，知识越来越替代资本而成为经济发展的核心要素。以前有些人单纯地认为，只有推进工业化，农村剩余劳动力才能不断向城市转移，城市化才能得以实现，从而最终实现社会经济的现代化。当然，工业化道路是发展中国家实现跨越式发展的必然选择。但要在中国这样一个人口众多、各地区经济不平衡的国家实现现代化，就不能简单地套用一些国家单纯地推进工业化的增长方式，而必须统筹城市与农村的协调发展，东部的率先发展与中部的崛起、西部的大开发、东北老工业基地的振兴相协调，制造业与服务业的发展相适应，对外贸易全方位展开与国内需求的不断扩大相平衡。只有这样，才能使社会经济结构、一二三产业结构、区域发展结构全面优化，最终使经济增长的效率最大化。

驭一时，谋万世。加快转变经济发展方式，是极其繁重而艰巨的历史任务，也是极其广泛而深刻的经济变革。在这场变革中，需要尊重规律的科学精神，需要求真务实的实干劲头，需要体制机制的深刻转变，也需要和谐稳定、充满活力的社会氛围。让我们团结起来，上下一心，在科学发展观的指引下阔步前进，不断深入推进经济发展方式的转变。

第二节 以体制机制创新保障发展方式转变

体制机制不完善、改革不到位是经济社会发展中诸多矛盾和问题产生的重要根源。目前，我国仍处于体制转轨时期，如前所述，市场体制机制和宏观调控手段不完善在很大程度上制约着经济发展方式的转变。因此，积极推进体制机制的改革和创新就显得特别重要。一方面，要进一步完善社会主义市场经济体制，充分发挥市场机制在优化资源配置和有效利用资源方面的基础性作用；另一方面，要健全宏观调控手段，利用经济杠杆和法律手段促进经济发展方式转变。下面围绕这两个方面，谈一些改革、创新体制机制，促进经济发展方式转变的粗浅看法。

一是继续完善社会主义初级阶段的基本经济。在市场经济条件下，转变经济发展方式更多地表现为市场主体的经济行为或过程。在这里，建设好社会主义市场经济体制的微观基础，确立市场主体的法律地位就显得特别重要。使企业真正成为市场竞争的主体，更充分地发挥市场配置资源的基础性作用，经济发展方式的转变才能更好地实现，而这一切都有赖于我国基本经济制度的进一步完善。因此，要毫不动摇地巩固和发展公有制经济，毫不动摇地鼓励、支持、引导非公有制经济发展，坚持平等保护物权，形成各种所有制经济平等竞争、相互促进的新格局。要优化国有经济布局和结构，深化垄断行业改革，引入竞争机制，加强政府监管和社会监督。要坚持公平待遇原则，改善融资条件，破除体制障碍，促进个体、私营经济和中小企业发展。

二是加快形成统一开放、竞争有序的现代市场体系，发展各类生产要素市场。充分的市场竞争有利于实现粗放型经济增长方式向集约型经济发展方式转变。因此，必须注意发展和完善资本、劳动力和技术等要素市场，完善市场体系，健全市场机制，充分发挥市场竞争在优化资源配置和有效利用资源方面的基础性作用。对市场经济而言，公平和有效的竞争比什么都重要，必须打破行业垄断、地方保护主义、行政垄断，加强竞争秩序和竞争环境的法制和制度建设，防止并依法惩治各种损害效率和公平的限制竞争行为，要积极鼓励市场竞争，维护良好的竞争秩序，使企业成为真正的市场竞争主体。地方政府不能以竞争主体的角色参与市场竞争。

三是健全和完善监督管理制度，转变经济发展方式必须转变政府职能，完善政府经济管理体制。健全宏观调控体系，充分发挥市场在配置资源中的基础性作用。要科学划分政府与市场的职责边界，强化政府社会管理和公共服务职能，限制政府权力，建设有限政府、有效政府、服务型政府。在市场经济中，政府除非在市场失灵、而且政府干预确实有效的条件下才能介入市场，否则就不应干预市场交易活动和企业的微观决策，不在地区、部门、企业间依据政府自身的偏好配置资源，市场机制才能在资源配置中发挥基础性作用，政府应该坚决把自己不该管的事交给企业、社群组织和市场去处理。要充分发挥产业政策、税收政策的导向和刺激作用。通过完善产业政策、税收政策，调动企业节约资源、合理利用资源的积极性和主动性，从而推动经济发展方式转变。要进一步加强资源节约、环境保护、循环经济发展等法律法规体系建设，完善资源节约和环保标准，明确激励惩罚政策，规范执法主体，严格依法管理。

四是深化财政税收体制改革，国家财政应按照党的十七大报告提出的深化财税、金融等体制改革，完善宏观调控体系的要求，顺应政府职能转变的需要，进一步调整和优化支出结构，逐步减少营利性、经营性领域投资，大力压缩行政事业经费，逐步规范公共财政支出范围；要逐步退出一般竞争性领域，逐步减少对企业的经营性发展项目、应用性研究项目的资助。把经营性事业单位推向市场，将财力主要用于社会公共需要和社会保障方面。加大公共服务领域投入，增加对教育、科学、卫生、公共安全、社会保障、基础设施建设的保障力度。围绕推进基本公共服务均等化和主体功能区建设，完善公共财政体系。完善省以下财政体制，增强基层政府提供公共服务的能力。实行有利于科学发展的财税制度，建立健全资源有偿使用制度和生态环境补偿机制。

五是完善资源管理体制和生产要素价格形成机制，加快推进资源性产品和生产要素价格改革，完善生产要素和资源价格形成机制，充分发挥市场机制在资源配置中的基础性作用，才能提高经济运行效率，促进经济结构的调整。这是从体制机制上解决资源短缺问题的客观要求，是促进经济发展方式转变的重要手段。

近几年，我国经济一直保持持续快速增长，但我国粗放型经济发展方式并没有从根本上转变，资源性产品价格严重偏低，价格构成不合理，各类环境污染的外部成本尚未计入企业成本，是造成经济粗放经营、浪费资源、环境压力日益加大的重要原因之一。要改变这种状况，就要加强政府合理有效监管，建立能够充分发挥反映市场供求关系、资源稀缺程度、环境损害成本的资源要素价格形成机制，使资源产品的价格能够反映市场供求的状况和资源的稀缺程度，迫使企业依靠技术进步降低能源和原材料消耗，提高经营效益，促进全社会节约资源产品，提高资源的利用效率。这样就可以使资源的开发和利用在价格机制的调节下走上集约化道路。矫正土地、资金等生产要素价格的扭曲，关键在于实现价格市场化，把定价权还给市场，要素价格由它们本身的稀缺度而不是由行政官员决定，市场机制才能够在资源配置中起基础性作用，这是实现经济发展方式转变的必要条件。

六是完善科技自主创新机制，提高自主创新能力。提高自主创新能力是加快转变经济发展方式的关键。与科学相关的技术的广泛运用，是现代经济增长中效率改进的一个基本源泉。诺贝尔经济学奖获得者S.库兹涅茨指出："从19世纪后半叶开始，发达国家经济增长的主要源泉始终是基于科学的技术。"要坚持走中国特色自主创新道路，把增强自主创新能力贯彻到现代化建设各个方面。认真落实国家中长期科学和技术发展规划纲要，深化科技体制改革，优化科技结构布局，加大对自主创新的投入，着力突破制约经济社会发展的关键技术。加快建设国家创新体系，支持基础研究、前沿技术研究、社会公益性技术研究。完善以企业为主体、市场为导向、产学研相结合的技术创新体系，建设以科技人员为主力军、科学研究与高等教育有机结合的知识创新体系，建设各具特色和优势的区域创新体系，建设社会化、网络化的科技中介服务体系。引导和支持创新要素向企业集聚，促进科技成果向现实生产力转化。深化科技管理体制改革，优化科技资源配置，完善鼓励技术创新和科技成果产业化的法制保障、政策体系、激励机制、市场环境。

七是建立和完善体现科学发展观与构建社会主义和谐社会要求的经济社会发展综合评价体系和干部政绩考核体系。过去领导干部政绩的考核，在客观上存在以GDP论英雄的情况，不够完整和全面。处理得不好，容易导致执政行为出现偏差，这已经为大量事实所证明。要打破以往GDP导向型的政绩观，按照有利于经济发展方式转变的要求，设计科学合理的政府绩效考核评价体系。对官员要进行全方位综合考核，要以科学发展观为指导，树立正确的政绩导向、用人导向并使之规范化、制度化。要按照科学发展观的要求，改进干部政绩考核指标和考核办法，把消耗的成本费用、环境指标、人文指标、综合发展指标纳入干部政绩考核体系，使领导干部更多地关注节约型社会、和谐社会建设，更多地关注经济社会的科学发展、可持续发展。

第九章

科学发展观的重大战略:"三大建设"

为了具体贯彻落实科学发展观一系列的重大战略思想和战略部署,中央还陆续提出了一系列的重大举措和重大任务,其中就包括以下三大建设:

第一节 建设社会主义新农村

党的十六届五中全会明确指出:建设社会主义新农村是我国现代化进程中的重大历史任务。2006年初,中共中央国务院又发出了《关于推进社会主义新农村建设的若干意见》。扎实稳步地推进社会主义新农村建设,不仅是党中央对进一步开创"三农"工作新局面的重大战略部署,也是全面贯彻落实科学发展观、构建社会主义和谐社会所不可或缺的重要内容。

一、新农村建设的主要内容

第一是生产发展，生产发展是建设社会主义新农村的基础性目标。经济发展是社会发展的基础。如果农业和农村经济得不到相应的发展，建设社会主义新农村的另外四个目标（生活宽裕、乡风文明、村容整洁、管理民主）将失去基础，整个国民经济和社会发展也将失去基础。确保农产品有效供给和实现农村一、二、三产业协调快速发展，无论是从国民经济和社会发展出发，还是从建设社会主义新农村出发，都是未来一个时期要解决的重大问题。第二是生活宽裕，生活宽裕是建设社会主义新农村中反映农民生活水准的目标，是最直接的目标。生活宽裕是一个相对概念。不同时期，生活宽裕的衡量指标和度量是不同的。在进入工业化中期和建设社会主义新农村的时期，生活宽裕的内涵也随之变化，就是要实现农民收入的快速增加，让农民享受现代工业文明带来的物质文化成果，提高农民生活质量。第三是乡风文明，乡风文明是建设社会主义新农村中精神文明方面的目标。乡风文明包括新风尚和新农民两方面的内容。新风尚要求农村是民主、法治、文明的农村。新农民要求提高农民的整体素质，使农民成为有文化、懂技术、会经营的新型农民。第四是村容整洁，村容整洁是建设社会主义新农村中最能直接感观的表象化目标。

目前，城乡差别大，在抽象的数据上表现为收入水平差距和消费水平差距，而就外观感受而言，生产生活基础设施方面的差距非常明显。村容整洁，就是要逐步改善农村人居环境，第五是管理民主，管理民主是建设社会主义新农村组织制度方面的目标。民主是衡量社会进步的重要尺度，管理民主是适应社会转型的需要。构建和谐社会，必须实行民主管理，才能适应转型时期农民民主参与意识增强的需要。为此，对农村组织应进行重新构造，实行村民自治，村务、镇务公开，保障农民群众的知情权、参与权，进而使农村经济社会发展有一个好的组织保障。

二、新农村建设的主要任务

要协调推进农村五大建设：经济建设、政治建设、文化建设、社会建设和基层党的建设。结合农村的实际情况，党的农村基层组织建设确实还存在不少问题。胡锦涛同志明确指出，要把新农村建设作为农村先进性教育围绕的一个中心来推进。第一，必须坚持以农村经济发展为中心，进一步解放和发展农村生产力。这是建设新农村的最根本要求，也是不可动摇的一个中心任务。第二，必须坚持以人为本，着力解决农民群众在生产生活中最迫切的实际问题。就全国而言，当前，农民最关心的是八件事：路、水、电、气、教育、卫生、文化、社保。在农村基础设施建设方面，全国乡镇到村的道路还有40万公里需新建或重建；

还有900多个乡、5000多个村没有通电；全国农村还有3.2亿人的饮水不安全。农村的生态破坏和环境污染，相当程度上与没有使用清洁的、可再生能源有关。因此，应积极发展沼气、生物质能源等。在农村公共事业发展方面，主要是完善义务教育的经费保障机制、扩大新型农村合作医疗制度的覆盖面、发展多种形式的文化事业和逐步建立适合农村经济发展水平的社会保障。各级政府要在这八个方面更多地支持农业农村的建设和发展，切实解决农民在生产生活中的实际问题。第三，必须坚持因地制宜地搞好规划。要对新农村建设进行科学规划，要因地制宜、分类指导、稳步推进。要有长期奋斗的思想准备，避免出现浮躁情绪和片面思想，简单地认为几年就能把它搞完，认为新农村建设就是建新房、建新村。第四，必须坚持调动各方面的积极性。要坚持中央提出的依靠农民群众的辛勤劳动、国家扶持和社会力量广泛参与来推动社会主义新农村的建设。

第二节　建设资源节约型、环境友好型社会

建设资源节约型、环境友好型社会，是走中国特色社会主义道路的一个重大的战略性选择，是深入贯彻落实科学发展观的一项重要的全局性任务，体现了人类社会的共同追求与发展方向。

一、什么是资源节约型、环境友好型社会

资源节约型社会是指在生产、流通、消费等领域，通过采取法律、经济和行政等综合性措施，提高资源利用效率，以最少的资源消耗获得最大的经济和社会收益，保障经济社会可持续发展。环境友好型社会，则是指一种人与自然和谐共生的社会形态，其核心内涵是人类的生产和消费活动与自然生态系统协调可持续发展。资源节约和环境友好既是渐进的动态的概念，又相辅相成，互为补充，充分体现了科学发展的精神，即消耗的资源越少越好，产生的污染越少越好，前者就是资源节约，后者就是环境友好。与资源节约型社会相比，环境友好型社会更加强调生产和消费活动对于自然生态环境的影响，强调人类必须将其生产和生活强度规范在生态环境的承载能力范围之内，强调综合运用技术、经济、管理等多种措施降低经济社会的环境影响。

资源节约型社会与环境友好型社会理念各有侧重但互为一体。资源节约型社会理念强调在社会经济活动的生产、流通、消费等诸领域促进资源的节约，杜绝资源的浪费，降低资源的消耗，提高资源的利用率；环境友好型社会理念强调将生产和消费等活动规划在生态承载力和环境容量限度内，通过生态环境要素的质态变化形成对生产和消费活动有效调控的关键性反馈机制，环境友好型社会理念既关注资源能源效率，也强调最终废弃物的

无害化。因此，资源节约型社会理念只关注社会经济活动中有关资源利用方面的内涵，但不能涵盖环境友好型社会所包括的经济、社会、政治、文化和技术等要素的所有方面，与资源节约型社会理念相比，环境友好型社会更关注生产和消费活动对自然生态环境的影响，其内涵与外延更宽泛。总之，资源节约型社会和环境友好型社会理念各有侧重，但互为补充，二者完整地涵盖了社会经济系统中物质流、能量流、废物流等物质代谢的全过程。

二、"两型"社会建设的对策和措施

建设资源节约型、环境友好型社会虽然是一项长期的战略任务，但随着全球绿色浪潮的冲击以及我国资源环境与发展矛盾的凸显，我国建设资源节约型、环境友好型社会必须及早部署、及早动手。

首先，尽快建立资源节约型、环境友好型社会建设的制度保障。资源节约型、环境友好型社会的建设需要完善配套的法律法规体系、政策支持体系和激励约束机制。首先，制定和实施绿色国民经济核算体系，从根本上解决"唯GDP"的政绩"指挥棒"下忽视资源节约、生态环保的症结，使各级政府从热衷经济事务转向管理公共事务，夯实向新的社会发展阶段转型的政治保障。

其次，积极探索发展循环经济的有效模式。发展循环经济是破解资源环境约束、建立资源节约型、环境友好型社会的重要途径，发展循环经济总体上的要求是，按照"减量化、再利用、再循环、无害化"的原则，促进资源循环式利用，鼓励企业循环式生产，推动产业循环式组合，倡导社会循环式消费。在建立完善循环经济发展制度的基础上，各地要在操作层面不断探索适合本地特点的循环经济发展模式。其次，在产品生产过程中实行清洁生产，在产业和工业园区进行生态化设计和改造，对废弃物的产生、排放实行总量控制，实现资源的闭合式良性循环；再次，要重视和探索广大农村地区有效可行的循环经济发展模式，在山区、丘陵地区推行"猪－沼－果"、"猪－沼－茶"等各种形式的生态庭院经济，在平原、湖区推行规模生态种养模式，建设一批绿色食品基地，与此同时，提高广大农村生产生活废弃物的资源化循环利用水平，推进社会主义新农村建设。

第三，大力发展和应用绿色科技。首先，要突破传统的科技进步方式和思维，着眼于人与自然的共生和共存，而不是对抗和征服，立足丰裕、清洁、可持续利用的资源取向，而不是指向工业文明时代稀缺、污染、不可持续的资源范围。其次，以企业为基础，建立绿色科技的自主创新体系，发展和应用资源节约和环境友好的科学技术，优先解决影响我国生态与环境的重大问题和重点退化区域，如大力开发资源恢复和循环利用、环境治理与污染控制、温室气体减排等关键共性技术，实施资源节约型、环境友好型技术集成与示范，通过生态产业和环境基础设施链条把工业和农业、城市和农村、生产和消费有机地结合起来。

第三节 提高自主创新能力，建设创新型国家

一、提高自主创新能力、建设创新型国家：国家发展战略的核心

把提高自主创新能力、建设创新型国家作为国家发展战略的核心，是中国共产党在新时期立足于我国的基本国情，深刻认识我国工业化、信息化、城镇化、市场化、国际化深入发展面临的新形势新任务，把握发展规律、创新发展理念、破解发展难题所作出的重大战略决策。改革开放30多年来，我国经济能够快速发展、综合国力显著增强、国际地位大幅度提高，同我国将自主创新作为民族进步的灵魂、国家发展不竭的动力，重视发挥科技创新在发展社会生产力、实现现代化方面的重要作用是分不开的。

第一，在战略领域超前部署，通过自主创新突破关键技术来带动产业崛起，已成为我国经济发展的重要形式。"十五"初期，我国以攻克计算机芯片设计技术为突破信息技术瓶颈的战略主线，以"龙芯"为代表的一批具有自主知识产权的芯片研发成功，结束了中国计算机有机无"芯"的历史；以"银河麒麟"计算机服务器操作系统为代表的基础软件等重大科技成果相继取

得，为国防信息化建设及国家信息安全奠定了坚实的基础；芯片技术、基础软件技术在经济领域的广泛扩散、渗透，多媒体领域的"星光中国芯"、"信芯"等研制成功并得到广泛应用，大大提高了我国多媒体产业和无线通讯领域的国际竞争力。

第二，在确保重大基础研究、前沿技术研究和关键技术攻关的基础上，鼓励并调动大批科技力量进入经济建设主战场，推动科技成果的商品化、产业化和国际化，有效促进了社会主义市场经济发展。以信息技术和产业为例：随着信息技术的渗透、扩散，工业化与信息化将紧密融合，我国工业将由大变强，现代服务业将又好又快发展，更好、更多地满足人民日益增长的需要。

第三，科学技术的发展不断孕育新的产业方向和经济增长点，引领经济社会发展方向。当前，由生命科学和生物技术引领的生物经济已成为全球增长最快的经济领域。"十五"初期，我国把生物科技作为未来高技术产业迎头赶上的重点，逐年加大科研投入力度，到目前生物技术产业总产值已达4600亿元，基因工程药物、疫苗、诊断试剂等生物技术研究成果，引发了医药工业的重大变革。战略性产业关键技术的超前部署，促成了核心技术的原始创新，成就了先进产品的集成创新，催生了新的产业方向和新的经济增长点，充分体现了科技创新的魅力。

改革开放以来，我国科技发展虽然取得了长足进步，但在关乎国家经济命脉的产业领域，自主创新的效益尚未充分体现出来。面对这一重大问题，中共中央国务院决定通过重大专项的实施来加以解决。未来15年，我国将实施大型飞机、探月工程、水体污染控制与治理、转基因生物新品种培育、重大新药创制、新一代宽带无线移动通信等16个重大专项，涉及信息、生物等战略产业领域，解决能源资源环境和人民健康等重大紧迫问题，并推广军民两用技术和国防技术，这将从根本上解决我国核心技术依赖于人、关键技术受制于人的被动局面，真正使科学技术成为破解经济社会发展难题的关键。

二、提高自主创新能力，建设创新型国家：国富民强的必由之路

国民经济又好又快发展的本质要求，决定了科技发展在经济发展中的核心地位。半个世纪以来，我国工业化基本上走的是靠要素投入驱动的传统工业化道路。建立在对自然资源环境长期高强度开发和利用基础上的传统工业化，已经使我国的资源与环境不堪重负。有关研究表明，未来20年，即使我国继续保持占国内生产总值40%左右的投资率，如果没有科技创新能力的大幅度提升，也不可能实现国内生产总值再翻两番的目标，更谈不上实现人均国内生产总值翻两番的目标。

在全球化条件下，技术创新体系、生产要素配置方式、产业区位布局和产业组织与管理模式等都发生了重大变化，产业结

构调整与制造业全球转移如火如荼。知识的创新、生产、流动与应用成为当代经济活动的核心,以高技术制造业和高技术服务业为核心的知识密集型产业规模迅速扩大,低排放、低能耗、高效率、高知识密度的经济增长方式成为当代发展的基本趋势。这一发展趋势及特征在国家高新技术产业开发区发展过程中得到了极大体现。

在看到成绩的同时,我们必须清醒认识到,我国长期形成的结构性矛盾和粗放型增长方式尚未改变。要从根本上改变这种状况,唯有拓宽自主创新的战略视野,充分发挥科技作为经济建设主力军的作用。从我国的国情出发,一是要加强行业和产业重大关键、共性技术研究,利用科学技术改造传统产业,创造新的产业部门,优化升级产业结构,淘汰落后生产能力,大幅提高经济发展质量与效益;二是积极发展现代产业体系、高新技术产业和现代服务业,拓展发展领域,使经济保持旺盛的活力和雄厚的基础,努力把发展方式转变到科学发展的轨道上来;三是深入推进以企业为主体的产学研合作,推动产业技术联盟,促进区域经济发展及相关产业链发展。

第十章

贯彻落实科学发展观的现实需要与历史意义

第一节 贯彻落实科学发展观的现实需要

一、全面建成小康社会的需要

"为全面建成小康社会而奋斗"是十八大主题的重要内容,与十七大主题中"为夺取全面建设小康社会新胜利而奋斗"表述相比较,从"建设"到"建成",体现了我国发展阶段的重大变化。十八大报告提出,到2020年实现全面建成小康社会的目标时,"实现国内生产总值和城乡居民人均收入比2010年翻一番"。"两个翻番"表明,我们不是一味追求经济总量的快速增长，而是下决心更加重视居民收入的提高，更加注重改善民生。十六大以来，我们的年均经济增速超过10%，城镇居民人均可支配收入扣除价格因素年均实际增长9.2%，农村居民人均纯收入年均实际增长8.1%，是历史上增长最快的时期之一。可是在这个平均的背后，还掩藏着许多不协调、不全面。其中，不协调的最突出表现，就是这些年虽然我国城市和农村都有了很大的发展，但城乡之间的相对差距不是在缩小而是在扩大。不全面的突出表现就是这些年虽然经济得到快速发展，但是社会发展相对滞后。

"建设"是过程，"建成"是结果。十八大为我们描绘了一个看得见、摸得着、感受得到的阶段性目标，把全面建成惠及十几亿人口的更高水平的小康社会的美好前景，更加明朗地呈现在世人面前。到那时，全国老百姓的衣食住行用水平将全面提高，基本公共服务均等化将总体实现，全民受教育程度和创新人才培养水平将明显提高，教育现代化将基本实现，农民工子女将平等接受教育，让每个孩子都能成为有用之才，城乡就业将更加充分，收入分配差距将会缩小，中等收入群体将持续扩大，扶贫对象将大幅减少，农业转移人口市民化进程将加快，城镇基本公共服务将实现常住人口全覆盖，人人享有基本医疗卫生服务，人居环境明显改善，住房保障体系基本形成。这些美好的愿景就更需要我们进一步贯彻落实科学发展观，统筹经济和社会发展，构建社会主义和谐社会。

二、工业化中期发展的需要

一个国家的工业化初期阶段，不但是指工业化水平比较低、农业和手工业还占比较大比重的阶段，而且也是一个低收入、低消费的阶段。所谓工业化的中期阶段，不但是指第二产业，特别是各种制造业、建筑业等有了很大发展，也是指一个国家已经开始步入中低收入水平阶段，也就是我们所说的人均GDP超过1000美元至6000美元的阶段。因此，国际上也通常用人均GDP水平作为划分一个国家经济发展阶段的重要指标。在这一时期，由于人均收入较大幅度地提高，必然会带来消费水平和消费结构的较大变化，而消费水平和消费结构的较大变化，又会推动产业结构的重大变化，推动各行各业，特别是各种制造业、建筑业、交通运输业等的快速发展。这也就是人们所说的"重化工业阶段"的到来。一个国家工业化水平进入到这样一个阶段，不但在经济发展中会出现许多新的矛盾，例如资源短缺、环境保护压力加大等，而且也会对社会发展乃至上层建筑领域都带来重大影响。这就是人们为什么说，一个国家人均GDP超过1000美元后，将进入一个关键的发展时期。在这个时期，如果不能树立一个正确的发展观，不能正确地处理各种新出现的社会矛盾，不能在上层建筑领域，特别是在转变执政方式、提高执政能力上进行相应的改革，就会不进则退，甚至会造成严重的经济危机和激烈的社会动荡。

这一变化，目前在世界各国既有正面的经验，也有反面的教训。所以，我们科学发展观是"总结我国发展实践，借鉴国外发展经验，适应新的发展要求提出来的"。这一概括是有充分依据的。

三、向经济大国转变的需要

经过改革开放以来30多年的快速发展，目前我国的GDP总量和外贸进出口总额已居世界前三位；外汇储备居世界第一；不少产品的产量，如钢铁、原煤、粮食、通讯、汽车、服装等都居世界前列。总之，无论从经济总量，还是从许多产品的生产规模上来说，我国都已经成为经济大国或是工业大国。但是，从另一方面来说，我国人均GDP仍排在全世界100多个国家之后，许多重要行业的产品生产缺少自己的专利和知识产权，缺少自己的商标和品牌，缺少自己的核心技术和核心竞争力。因此，从这个角度来说，我们还不能说是经济强国或工业强国。从一定意义来说，我们也不能称为"世界工厂"。因为，世界工厂的一个重要特点是应该有自己的品牌和核心技术。

单就经济层面和技术层面来说，完成由经济大国向经济强国的转变，关键在于实行经济发展方式的转变，核心在于提高自主创新能力，建设创新型国家。这就使我们认识到，为什么在贯彻落实科学发展观中要强调提高自主创新能力，并作出建设创新型国家重大战略部署的原因。

四、完善社会主义市场经济体制的需要

我国改革开放已走过了30多年的光辉历程。30多年来,改革开放推动了经济社会的快速发展,经济社会的快速发展又促进了改革开放的不断深入。为此,在总结改革开放经验时,我们既要充分肯定成绩,也要进一步明确目前我国改革开放所处的阶段,明确今后进一步深化改革的方向和任务。

1992年,党的十四大正式提出:"我国经济体制改革的目标是建立社会主义市场经济体制。"这是马克思主义理论的重大突破,也是20世纪中国共产党的一个伟大创举。1993年,党的十四届三中全会作出了《关于建设社会主义市场经济体制若干问题的决定》。恰恰时隔10年,党的十六届三中全会又作出了《关于完善社会主义市场经济体制若干问题的决定》。固然,我国社会主义市场经济体制的改革,从10年前的"建立"到10年后的"完善",说明已经取得了很大进展。但是,我们也要认识到,这里的所谓完善,并不是指改革已经到了收尾阶段,也不仅仅是填平补齐或是锦上添花的"完善"。这里的所谓完善,实际上是指攻坚,是指决战。之所以说是攻坚,是因为改革开放30多年来,好改的、能改的,已经改得差不多了,剩下需要完善的大都是一些难啃的"硬骨头",或者说是一些更为复杂的深层次的问题。因此,今后改革每深入一步,都需要打攻坚战。

第二节　贯彻落实科学发展观的历史意义

中共中央指出的以人为本、全面协调可持续发展的科学发展观，不仅具有坚实的哲学基础，而且具有重大的历史意义。

一、科学发展观——科学的执政理念

首先，科学发展观是中国共产党洞悉半个多世纪的执政经验和社会主义建设经验，并上升为客观规律而形成的执政理念。过去，中国共产党在党的纲领和实际工作中都强调并坚持了以全中国人民的根本利益为出发点和宗旨，强调并坚持了全心全意为人民服务。党的十六届中央领导集体在继承毛泽东思想、邓小平理论和"三个代表"重要思想的基础上，面临新的执政条件、执政环境和执政任务，高屋建瓴，提出以人为本、全面协调可持续发展的科学发展观，解决了为谁执政、为什么执政、怎样执政的根本问题，确立了科学的执政理念。

提出科学的发展观是解决现实矛盾和应对各种风险的正确选择。改革开放以来，我国的经济发展取得了举世瞩目的成绩，但是由于经济增长方式尚未实现根本性转变，投入产出的效率还不高，可持续发展的能力还不强，经济社会发展与人口、资源、环境、生态之间的矛盾比较突出。目前我们人均占有耕地为世界平均水平的40%，人均占有淡水资源不足世界平均水平的30%，单

位GDP的能耗是日本的10倍，单位产值的水耗是发达国家平均水平的10倍以上。解决这些矛盾和问题，迫切要求我们树立科学的发展观，把经济发展建立在人口数量控制和质量提高的基础上，建立在资源节约的基础上，建立在环境保护的基础上，建立在生态改善的基础上，促进经济效益、社会效益、生态效益的全面提高。

二、科学发展观——科学的思维方式

以人为本，尽管是我们中国的管仲最早提出来的，但是，封建社会的统治阶级却按照以神为本、以君为本、以官为本、以权为本、以钱为本等思维方式观察与处理问题，特别是以官为本、以权为本、以钱为本至今还是许多人的思维方式。科学发展观则是对这些错误思维方式的断然否定。科学发展观坚持以人为本，就是要我们在分析和解决问题时，要把符合客观规律同人的个性发展要求结合起来，把物的尺度与人的内在尺度结合起来，把国家、社会、人民和个人结合起来，把尊重人的合法权利，满足人的基本利益，实行人性化服务作为思维的对象、目的、路径和归宿。

科学发展观作为我们党统领经济社会发展全局的重大战略思想，是中国共产党人对我国社会主义现代化建设历史经验的深刻总结，是马克思主义中国化的创新成果。它围绕解决中国一切问题的关键——发展问题,科学地回答了我国社会要发展、为什么发展和怎样发展的问题,是我们进行社会主义现代化建设的根本方针。提出科学的发展观是切实提高党的执政能力和执政水平的迫切需要。牢固树立和认真落实科学发展观,同提高党的领导水平、执政水平和提高全党同志特别是各级领导干部的执政能力有着密切的内在联系。因此,我们要把树立和落实科学发展观同加强党的执政能力建设紧密结合起来,把提高科学发展的能力作为提高党的执政能力的一个重要方面,进一步提高党的领导水平和执政水平、提高党拒腐防变的能力和抵御风险的能力。

三、科学发展观——共同的价值观

在我国社会转型期,经济成分、利益主体、分配方式、社会组织形式、就业方式、社会阶层和价值取向等日趋多样化。社会多样化的发展,把社会整合与凝聚的问题凸显出来了,这就需要社会成员形成共同的价值认同。科学发展观坚持以人为本,强调全面协调可持续发展,是马克思主义的最高价值取向的具体体现,是最人性化的理念,是当代中国实践发展的必然要求,必然为最广大的中国人民群众所认同,具有权威解释力、最大包容力、涵盖力,因而也就具有最强的整合力与凝聚力。

科学发展观集中反映了社会主义现代化建设的基本规律。众所周知,在经济文化相对落后的国家从事社会主义现代化建设,出路在于发展，希望在于发展，前途命运系于发展。然而，怎样发展才符合现代化建设的客观规律和要求，是几代人不断思考和探索的课题。我们在现代化建设的伟大实践中，既有加快发展的经验，又有发展受挫的教训，特别是在"文化大革命"期间，由于种种复杂的原因，我国的经济社会发展走了不少弯路，这一切都与我们对发展问题的认识有着密切的联系。科学发展观突出强调了发展的全面性、协调性和可持续性，这实际上就是社会主义现代化建设必须遵循的基本规律。党中央把科学发展观上升为党执政兴国和实现民族复兴的崭新理论，使之成为包括发展指导思想、方向与目标、实现途径与评价标准在内的一整套发展理论，这是我们党在社会主义现代化建设中对经济社会发展规律认识的重大突破。

四、科学发展观是我国现阶段的指导思想和行动指南

科学发展观是全面建设小康社会、建构和谐社会、实现社会主义现代化和中华民族振兴的指导思想和行动指南。我国经济社会发展在总体上已经步入小康社会水平。但是，我们的小康社会是很不全面的，东西差距、城乡差距、贫富差距进一步拉大，政治文明建设和精神文化建设落后于经济发展，几千万贫苦人口的脱贫致富问题、自然生态恶化问题、环境污染问题、国家和平统

一问题、应对全球化挑战问题都凸显出来了，这些问题已经成为影响我们全面建设小康社会和社会主义现代化进程中急需解决的重大问题。根据这些情况，中共十六届中央领导集体明确提出了"科学发展观"的概念，完整地界定了科学发展观的丰富内涵，为全党全国人民提供了一心一意谋发展，聚精会神搞建设的共同理念、指导思想和行动指南。

我们坚信，在科学发展观的指导下，我们的小康社会一定会建设得越来越全面，一个和谐的中国社会必将建构起来，社会主义现代化和中华民族振兴的光明前景一定能够实现！

第十一章　　科学发展铸辉煌

第一节　推进社会主义文化大发展大繁荣

社会主义文化是以科学发展为主题，以建设社会主义核心价值体系为根本任务，以满足人民精神文化需求为出发点和落脚点，以改革创新为动力，发展面向现代化、面向世界、面向未来的，民族的科学的大众的社会主义文化。

2002年，党的十六大突出强调了文化建设的战略地位，作出推进文化体制改革的战略部署。5年前的十七大，党从中国特色社会主义总体布局的高度，作出全面深化文化体制改革的重大决策。在全面建成小康社会的决定性阶段，党的十八大为进一步推进社会主义文化大发展大繁荣吹响号角。"一定要坚持社会主义先进文化前进方向，树立高度的文化自觉和文化自信，向着建设社会主义文化强国的宏伟目标阔步前进。"

一、文化建设迈上新台阶

　　作为新中国电影的摇篮，长春电影制片厂从1991年开始连续6年亏损，累计亏损3000多万元，曾一度无片可拍。在生存压力之下，长影踏上了探索自发式发展的体制改革之路：积极推进股份制改造，在全国率先实施"出资人制度"，以电影创作为龙头，电影旅游、电影加工和影视传媒等多元素并举，创作出《辛亥革命》《导火线》等一批优秀作品。改革让长影重新焕发出了生机和活力。长影集团是新中国第一家电影制片厂，有辉煌的过去，也曾在如何发展的问题上陷入徘徊。最近几年，这个"中国电影事业的摇篮"逐渐走出低谷。特别是2011年以来，3部影片同获"五个一工程"奖，实现了经济效益和社会效益双丰收。

　　文化体制改革的一个重要方面就是按照积极培育市场主体、深化内部改革、转变政府职能、建立市场体系的要求，以转企改制为中心环节，逐步解放文化生产力。在改革中探索，在探索中发展。从十六大到十八大十年间，文化领域向全国人民交出了一份喜人的成绩单——580多家出版社、3000多家新华书店、8500家电影制作发行放映单位等全部完成转企改制；2100家文化系统国有文艺院团完成改革任务，占总数的99.86%，其中转企改制的占61%；成为世界第一电视剧生产国和第三大电影生产国，图书出版品种和日报发行量位居世界第一位；截至2012年8月底，共有38家文化企业在A股和香港H股发行上市；我国核心文化产品出口额从2001年的30.85亿美元增长到2011年的186.88亿美元……

同经济体制改革、政治体制改革、教育体制改革、科技体制改革一样，文化体制改革在过去的10年步履坚定，群众尤其是基层群众得到了实实在在的实惠——全国文化文物部门归口管理的博物馆、纪念馆和爱国主义教育基地全部实行免费开放，全国美术馆、公共图书馆、文化馆（站）免费开放工作全面实施；广播电视村村通工程已覆盖全部行政村和20户以上的通电自然村；农村电影放映工程年放映800万场，基本实现每村每月免费放映一场电影的目标……发展为了人民，发展依靠人民，发展成果由人民共享。发展文化事业是惠及13亿人的"文化民生"，是满足群众精神文化需求、保障人民文化权益的根本举措，有利于促进人的全面发展。

二、破解文化发展难题

成效明显的文化发展态势，并不能掩盖尚待解决的问题和矛盾。有一个对比引人深思：在国内创造6亿多元人民币票房奇迹的《唐山大地震》，在美国票房仅为6万美元……国内外的不同境遇，从一个侧面反映了我国文化产业仍然缺乏竞争力与影响力的现状。这其中，一个不容忽视的现实是，文化产业集中度不高，骨干企业和知名品牌普遍缺乏。

改革的不断推进，使得一些骨干文化企业得以迅速发展，但由于起步较晚和条块分割、市场壁垒等原因，创新能力有待进一步提升。公共文化服务水平不平衡问题仍然比较突出。目前城乡公共文化资源不平衡、地区发展不平衡、农民工基本文化权益保障不足等问题依然存在。公共文化服务投入保障机制有待进一步完善，公共文化设施使用效率和公共文化服务质量水平需要提高。文化产业发展中资源浪费、同质化竞争现象依然存在。要推动中国文化真正走向世界，需要在作品质量、营销渠道、国际化人才等方面实现突破。文化发展中的问题和现象，说明在进行及时规划、引导和调控的同时，更需要对文化发展的理念进行更新。

三、共同行动，建设文化强国

"建设社会主义文化强国，必须走中国特色社会主义文化发展道路。""建设社会主义文化强国，关键是增强全民族文化创造活力。"十八大报告为实现社会主义文化大发展大繁荣的路径指明了方向。建设社会主义文化强国，要把文化建设放在中国特色社会主义总体布局中加以认知。这样才能真正理解建设社会主义文化强国的丰厚内涵和努力方向。建设社会主义文化强国，要深入开展社会主义核心价值体系建设。十八大代表、北京市西城区区委书记王宁认为，社会主义核心价值体系是兴国之魂，决定着中国特色社会主义的发展方向。要倡导富强、民主、文明、和谐，倡导自由、平等、公正、法治，倡导爱国、敬业、诚信、友善，积极培育社会主义核心价值观。建设社会主义文化强国，最根本的还是要树立对民族文化的自觉自信。中华民族在伟大的复兴之路上，更应该以高度自觉和自信的心态，努力挖掘、提升并运用自己的历史文明成果。在推动文化大发展大繁荣的这场宏大探索中，没有人可以做旁观者。只有每个人都行动起来，才能汇聚成建设文化强国的强大力量。

第二节 新时期党的建设新的伟大工程

2004年9月，中共十六届四中全会通过《关于加强党的执政能力建设的决定》，强调要使党成为立党为公、执政为民的执政党，成为科学执政、民主执政、依法执政的执政党，成为求真务实、开拓创新、勤政高效、清正廉洁的执政党。党的十八大报告指出："以改革创新精神全面推进党的建设新的伟大工程，全面提高党的建设科学化水平。"这是中国共产党对自身建设认识的又一次飞跃，是对形势发展、事业开拓、人民期待的积极回应。办好中国的事情，关键在党。加强党的建设关系党和国家的兴旺发达，既是党的事业不断取得胜利的一大法宝，也是中华民族伟大复兴的政治保证。

一、马克思主义执政党建设经验的丰富与发展

党的十六大以来,党的建设之所以能取得显著成就,关键就在于总结运用了我们党作为马克思主义执政党加强自身建设的基本经验。而党的建设取得的显著成就,又进一步丰富发展了这些基本经验。概括起来说,主要体现在以下几个方面:

坚持把思想理论建设放在首位。以党的思想理论建设统领组织建设、作风建设、制度建设和反腐倡廉建设,是马克思主义执政党建设的首要原则。把思想理论建设放在首位,就是要始终坚持把马克思主义作为根本指导思想,坚持解放思想、实事求是、与时俱进,不断推进马克思主义中国化、时代化、大众化,用马克思主义中国化的最新成果武装全党、教育人民。

坚持把推进党的建设伟大工程同推进党领导的伟大事业紧密结合起来。实现党的建设伟大工程同党领导的伟大事业紧密结合,就是要围绕党执政兴国的第一要务谋划党的建设,以党的建设推动中国特色社会主义的发展,以中国特色社会主义的发展检验党的建设成效。

坚持以执政能力建设和先进性建设为主线。执政能力建设是党执政后的一项根本建设,先进性是马克思主义政党的本质属性。坚持以执政能力建设和先进性建设为主线,就是要把党的思想、组织、作风、反腐倡廉和制度建设,聚焦到提高党的执政能

力、保持和发展党的先进性上来。

坚持立党为公、执政为民，保持党同人民群众的血肉联系。党的最大政治优势是密切联系群众，党执政后的最大危险是脱离群众。保持党同人民群众的血肉联系，就是要把实现好、维护好、发展好最广大人民的根本利益体现到党的全部理论和实践中去，以能否得到人民群众的拥护和支持来检验党的建设成效。

坚持改革创新，增强党的生机活力。坚持改革创新就是要求我们着眼于新的实践，解放思想、实事求是、与时俱进，正确认识党所处的历史方位和执政条件，大力推进党的建设的实践创新和理论创新，增强党的生机活力。

坚持党要管党、从严治党，提高管党治党水平。治国必先治党、治党务必从严。必须坚持严格要求、严格教育、严格管理、严格监督，严肃党的纪律，坚持不懈地开展反腐败斗争，始终保持党的先进性和纯洁性。

二、夯实党执政的基础

在世情、国情、党情发生深刻变化的新形势下，党面临的各种考验更为复杂严峻。继续推进党的建设新的伟大工程，使我们党始终成为中国特色社会主义事业的坚强领导核心，需要夯实党执政的四个基础。一是提高全党思想政治水平，夯实党执政的思想基础。大力推进马克思主义中国化、时代化、大众化，坚持用中国特色社会主义理论体系武装全党，使广大党员、干部成为共产主义远大理想和中国特色社会主义共同理想的坚定信仰者，不断增强宗旨意识、执政意识、大局意识和责任意识。二是做好基层工作，深化干部人事制度改革，夯实党执政的组织基础。按照围绕中心、服务大局、拓宽领域、强化功能的要求，把党的基层组织建设成为坚强的战斗堡垒；坚持德才兼备、以德为先的用人标准，坚持任人唯贤，坚持民主、公开、竞争、择优，把干部队伍建设成为推动科学发展的骨干力量。三是始终保持党同人民群众的血肉联系，夯实党执政的群众基础。牢牢秉持党的根本宗旨，贯彻党的群众路线，把实现好、维护好、发展好最广大人民的根本利益作为党执政活动的出发点和落脚点，深入开展反腐败斗争，努力做好新形势下的群众工作，使改革发展成果更多更公平地惠及全体人民。四是坚持用制度管权管事管人，夯实党执政的制度基础。坚持以党章为根本、以民主集中制为核心加强党的制度建设，形成内容协调、程序严密、配套完备、有效管用的制度体系，不断推进党的建设制度化、规范化、程序化，保证我们党在中国特色社会主义事业中的坚强领导核心地位。

第三节　推进军队国防现代化建设

推动军队国防现代化建设。和平、发展、合作仍是时代主题,但天下并不安宁。今天,国家安全问题的综合性、复杂性、多变性进一步增强,世界军事变革大潮涌起新的质变的浪花,加速军队转型、打造新型军事能力,成为全球范围军事领域的普遍选择。我们要牢记"忘战必危",强化忧患意识、责任意识、使命意识和发展意识,瞄准未来谋划慑止战争的有效手段。胡锦涛同志强调,建设与我国国际地位相称、与国家安全和发展利益相适应的巩固国防的强大军队,是我国现代化建设的战略任务。必须坚持以国家核心安全需求为导向,统筹经济建设和国防建设,按照国防和军队现代化建设"三步走"战略构想,加紧完成机械化和信息化建设的双重历史任务,力争到2020年基本实现机械化,同时使信息化建设取得重大进展。

一、国防和军队现代化建设的指导思想

国防和军队现代化建设,必须以毛泽东军事思想、邓小平新时期军队建设思想、江泽民国防和军队建设思想、党关于新形势下国防和军队建设思想为指导。要适应国家发展战略和安全战略的新要求,着眼全面履行新世纪新阶段的军队历史使命,贯彻新时期积极防御军事战略方针,与时俱进加强军事战略指导,高度关注海洋、太空、网络空间安全,积极运筹和平时期的军事力量,不断拓展和深化军事斗争准备,提高以打赢信息化条件下局部战争能力为核心的多样化军事任务能力。

坚持以推动国防和军队建设科学发展为主题，以加快转变战斗力生成模式为主线，全面加强军队革命化现代化正规化建设。毫不动摇地坚持党对军队的绝对领导，坚持不懈地用中国特色社会主义理论体系武装全军，持续培育当代革命军人核心价值观。坚定不移地把信息化作为军队现代化建设的发展方向，推动信息化建设加速发展。加强高新技术武器装备建设，加快全面建设现代后勤，培养大批高素质新型军事人才，深入开展信息化条件下的军事训练，增强基于信息系统的体系作战能力。加大依法治军、从严治军力度，推动正规化建设向更高水平发展。积极稳妥进行国防和军队改革，推动中国特色军事变革深入发展。坚持以创新发展军事理论为先导，着力提高国防科技工业自主创新能力，深入推进军队组织形态现代化，构建中国特色现代军事力量体系。

二、中国特色军民融合式发展道路

军民融合式发展是在新的历史条件下，按照科学发展观的要求，统筹国防建设和经济建设，使两者互相促进、共同发展的一个重要战略思想，具有鲜明的时代特征，是实现军民结合、寓军于民的具体途径和有效方法。

军民融合式发展是实现富国强军的必然选择。当前，我国正面临着促进经济发展和维护国家安全的双重历史任务，必须坚持

走军民融合式发展的路子。 这是因为，现代经济社会发展以及国防和军队建设对资源的需求越来越大，如何合理配置和有效利用有限的资源，已经成为经济社会发展以及国防和军队建设必须解决好的战略课题。走军民融合式发展的路子，既可以有效避免军民重复建设、分散建设，最大限度地节约资源，提高包括经济建设和国防建设在内的国家整体建设效益，又可以有效促进经济建设和国防建设的共同发展，起到相互促进、双向带动的效果，有利于实现富国与强军的目标。

军民融合式发展是推进军事变革的内在要求。 国防建设需要强大的经济实力作后盾，尤其是当前我军正在积极推进以"建设信息化军队，打赢信息化战争"为核心的新军事变革，经济社会发展水平和全社会信息化水平对国防现代化建设的影响更加直接、更加明显。信息化条件下的局部战争作战保障任务十分繁重，要形成高技术优势，无论是单独依靠军队的高技术系统还是单独依靠民用的高技术系统都是不够的，需要由军用高技术系统和民用高技术系统共同来支撑。因此，必须在继续实施科技强军战略，在加强军队质量建设的同时，更加注重发挥民用科技部门、民用企业和民用科技人才的积极作用，推动中国特色军事变革跨越式发展。

军民融合式发展是作好军事斗争准备的有效途径。 经济全球化的迅猛发展使技术革命的成果迅速普及全球，军用技术与民用技术的相通性、相关性、替代性越来越明显，军队后勤保障、技术保障、装备保障越来越依赖于社会。据统计，85%的军事核心技术同时也是民用关键技术；80%的民用技术可以直接运用于军事目的。当前，我国国家安全形势错综复杂，作好军事斗争准备的任务还十分艰巨，特别是军队现代化水平与打赢信息化条件下局部战争的要求不相适应、军事能力与履行新世纪新阶段我军历史使命的要求不相适应这两个问题还比较突出，迫切需要进一步加大军民融合的力度，加快转变战斗力生成模式，着力解决制约作战能力提升的短板和薄弱环节，全面提高部队信息化条件下的作战能力。

军民融合式发展是夺取战争胜利的关键因素。现代战争突发性强、作战周期短、消耗量大，要求在很短的时间内把战争潜力转化为作战实力。只有按照"军民结合、寓军于民"的要求，牢固树立军民融合的思想，加快国防动员能力建设，才能在未来战争中立于不败之地。

知识链接

"三个代表"重要思想

江泽民同志2000年2月25日在广东省考察工作时,从全面总结党的历史经验和如何适应新形势新任务的要求出发,首次对"三个代表"重要思想进行了比较全面的阐述。"三个代表"重要思想的主要内容是:中国共产党始终代表中国先进生产力的发展要求;中国共产党始终代表中国先进文化的前进方向;中国共产党始终代表中国最广大人民的根本利益。

八国联军侵华战争

八国联军侵华战争(1900—1901),近代列强参与国最多的侵华战争。列强为镇压中国人民的反抗斗争,瓜分中国,勾结在一起共同侵华。清政府甘心充当洋人的工具,签订了《辛丑条约》,中国半殖民地社会完全形成。

半殖民地半封建社会

　　封建社会在外来资本主义入侵下形成的一种社会经济形态。所谓半殖民地之"半",指它在政治上经济上为外来的资本主义侵略势力所操纵,但尚有名义上的政府与微小的经济力量,外国列强还未直接行使统治。所谓半封建经济之"半",指在外来侵略势力的冲击下,封建自然经济的基础开始解体,产生了发展资本主义的某些条件,近代资本主义工业开始出现,封建经济已不是唯一的经济形式。这样,就形成了半殖民地半封建社会。我国从1840年鸦片战争后到1949年就处于半殖民地半封建社会。

辩证唯物主义

　　辩证唯物主义,是马克思、恩格斯批判地吸取德国古典哲学——黑格尔的辩证法的"合理内核"和费尔巴哈唯物论的"基本内核",在总结自然科学、社会科学和思维科学的基础上创立的系统科学的逻辑理论思维形式,是一种以马克思和恩格斯学说来研究现实的哲学方法,是用"辩证的观点"和"唯物论的观点"解释和认识世界的理论。一般认为"辩证唯物主义"和"唯物辩证法"在本质上是一致的。

　　辩证唯物主义的基本观点有:1.唯物主义认为,物质是第一性的,意识是第二性的。世界的本原是物质,世界的万事万物都是物质派生出来的。2.物质世界是按照它本身所固有的规律运动、变化和发展的。规律是客观的，是不以人的主观意志为转移的。
3.辩证的唯物主义观点是相对于机械唯物主义而言的，即将辩证法与唯物主义相结合。

邓小平理论

邓小平理论，是以邓小平同志为主要创立者、以建设有中国特色社会主义为主题的理论。邓小平理论是马克思主义与当代中国实际和时代特征相结合的新成果，是毛泽东思想的继承和发展，是当代中国的马克思主义，是马克思主义在中国发展的新阶段，是中国共产党获得的与前苏联模式不同的社会主义建设经验的理论总结，是党和人民实践经验和集体智慧的结晶，是中国共产党人建设有中国特色社会主义的行动指南。

邓小平民主与法制的理论

邓小平民主与法制的理论，是马克思主义民主与法制理论和中国社会主义民主和法制建设的具体实践相结合的产物，是依法治国、建设社会主义法制国家的理论基石和重要指导思想。民主是社会主义的本质要求，人民当家做主是社会主义民主政治的核心，是社会主义法制的依托，同时也是中国共产党始终不渝坚持的奋斗目标。在政治上发展民主并实现社会主义民主制度化、法制化，是政治体制改革的重要任务。

第二次工业革命

　　第二次工业革命，也称第二次科技革命，是指1870年至1914年的工业革命。其中西欧和美国以及1870年后的日本，工业得到飞速发展。第二次工业革命紧跟着18世纪末的第一次工业革命，并且从英国向西欧和北美蔓延。第二次工业革命以电力的大规模应用为代表，以电灯的发明为标志。

第二次鸦片战争

　　第二次鸦片战争（1856—1860），为扩大侵华权益，英法联合侵华，攻占了北京，进行野蛮的洗劫。清政府被迫再次大肆出卖国家权益，签订了《天津条约》和《北京条约》，使中国社会的半殖民地程度进一步加深了。

第二国际

　　第二国际，即"社会主义国际"，是一个工人运动的世界组织。1889年7月14日在巴黎召开了第一次大会，通过《劳工法案》及《五一节案》，决定以同盟罢工作为工人斗争的武器。组织后因第一次世界大战爆发而解散，其后伯尔尼国际成立并作为实体运作。第二国际所做出影响最大的动作包括宣布每年的5月1日为国际劳动节，宣布每年的3月8日为国际妇女节，并创始了八小时工作制运动。当今世界最大的政党组织"社会党国际"实际上为其延续，在二战后的1951年成立，成员均为原第二国际成员。

第一国际

第一国际，即国际工人联合会，1864年由英、法、德、意四国工人代表在伦敦开会成立，马克思代表德国工人参加该组织的工作，并逐渐用"科学社会主义"理论作为组织指导思想。由于会名太长，有时人们取它的第一个单词"International"代指，简称为"国际"，历史上即称为"第一国际"。1871年，第一国际法国支部参加并领导了巴黎公社运动。但是随着巴黎公社的失败，第一国际也日渐衰弱，1876年正式宣布解散。

俄国二月革命

俄国二月革命是1917年3月8日于俄罗斯发生的民主革命，是俄国革命的序幕。其即时结果就是沙皇尼古拉二世被迫退位，俄罗斯帝国灭亡。二月革命结束了封建专制的统治，之后出现了两个政权并立的局面，即资产阶级临时政府和苏维埃政权。后又因为临时政府的措施不当，爆发了十月革命。以列宁为首的苏维埃政权控制了局面。二月革命为俄国无产阶级反对资产阶级、争取社会主义的斗争创造了有利的条件。发生在第一次世界大战期间的二月革命的胜利，促进了欧洲各国被压迫人民和被压迫民族反对帝国主义战争、反对本国反动政府、争取民主权利和民族解放的革命运动的高涨。

封建主义

封建主义包括三个方面：一是指封建专制制度，包括政治、经济制度在内的整个社会制度；二是指意识形态；三是指以封建主义思想为指导，为建立或复辟封建专制制度而进行的活动。三者之间相互联系又相互区别，不能等同和混淆。也可以说，封建主义在经济上代表的是地方保护主义和部门主义；在政治上代表的是专制主义和宗法制度；在思想上代表的是纲常伦理、宗法意识和社会生活中的各种落后、愚昧现象、迷信思想和活动。包括制度、活动、思想三方面含义的封建主义，才能称之为完整意义上的封建主义。

个体经济

以生产资料个体所有和个体劳动为基础的经济。如小农经济、小手工业经济、个体商业等。原始社会解体时产生，存在于奴隶社会、封建社会、资本主义社会和社会主义社会，但从来没有成为独立的社会经济形态，而总是从属于占统治地位的经济。具有规模小、经营分散、经济不稳定等特点。在我国，经过社会主义改造，绝大部分个体经济已经转变为社会主义集体经济。但在社会主义国营经济和集体经济占绝对优势的前提下，在法律规定的范围内允许个体经济存在，作为社会主义公有制经济的补充。

工农联盟

　　工人阶级和农民在无产阶级政党领导下的革命联合。工人和农民的联盟是取得民主革命和社会主义革命的胜利，建设社会主义和实现共产主义的必要条件。人民民主专政的基础是工人阶级、农民阶级和城市小资产阶级的联盟，其中主要是工人和农民的联盟。我国的工农联盟是在中国共产党领导下，在长期的革命斗争中建立和巩固起来的，已经经历了两个阶段：第一阶段建立在土地改革的基础上；第二阶段建立在农业合作化的基础上。在四个现代化建设时期，工农联盟有了新的发展。巩固与发展工农联盟，是我国制定经济政策和社会政策的重要依据。

工业革命

　　工业革命，又称产业革命，是指资本主义工业化的早期历程，即资本主义生产完成了从工场手工业向机器大工业过渡的阶段。工业革命是以机器取代人力，以大规模工厂化生产取代个体工场手工生产的一场生产与科技革命。由于机器的发明及运用成为了这个时代的标志，因此，历史学家称这个时代为"机器时代"。

　　有人认为工业革命在1759年左右已经开始，但直到1830年，它还没有真正蓬勃地展开。大多数观点认为，工业革命发源于英格兰中部地区。1769年，英国人瓦特改良蒸汽机之后，由一系列技术革命引起了从手工劳动向动力机器生产转变的重大飞跃。随后自英格兰扩散到整个欧洲大陆，19世纪传播到北美地区。一般认为，蒸汽机、煤、铁和钢是促成工业革命技术加速发展的四项主要因素。在瓦特改良蒸汽机之前，整个生产所需动力依靠人力和畜力。伴随蒸汽机的发明和改进，工厂不再依河或溪流而建，很多以前依赖人力与手工完成的工作自蒸汽机发明后被机械化生产取代。

工业革命是一般的政治革命不可比拟的巨大变革，其影响涉及人类社会生活的各个方面，使人类社会发生了巨大的变革，对人类的现代化进程的推动起到了不可替代的作用，把人类推向了崭新的蒸汽时代。

供销合作社

供销合作社，简称供销社。由农民集资并在国家大力扶持下组织起来的集体所有的合作商业，是我国农村社会主义商业的一种形式。它的主要任务是收购和推销农副产品，组织农民开展多种经营，对农村供应农业生产资料和消费品。供销合作社一般按行政区划分，以乡建社，称为基层供销社，下设门市部和供销分店，县以上设有进行批发业务的各种专业公司。行政管理上，各县、省（自治区、直辖市）设立联合社，在中央，设中华全国供销合作总社。在统计上，供销合作社执行国家统计局和商业部联合制发的以社会商业为总体，以社会商业国内纯购进、社会商业国内纯销售、商品库存为主要内容的商品流转统计报表。

共产国际

共产国际，亦称"第三国际"，1919年3月2日至6日在列宁的领导下，在莫斯科召开了共产国际第一次代表大会。参加大会的有来自欧、亚、美洲21个国家的35个政党和团体的代表52人，通过了列宁起草的《共产国际宣言》、《共产国际行动纲领》等文件，宣告了共产国际的成立。共产国际在其存在的24年中，共召开过7次代表大会和13次执行委员会全会。共产国际在列宁领导期间，成绩比较显著。1924年1月，列宁去世后，共产国际出现了一些错误。总的来说，共产国际在宣传马克思列宁主义，团结各国无产阶级和被压迫民族，领导和推动无产阶级革命运动，促进亚非拉民族解放运动，反对帝国主义和法西斯主义，促进各国共产党的成长等方面起了重大的作用。

共产主义

共产主义是一种政治思想，主张消灭私有产权，并建立一个各尽所能、按需分配的生产资料公有制（进行集体生产）社会，而且是一个没有阶级制度、国家和政府的社会。在这一体系下，土地和资本财产为公共所有。其主张劳动的差别并不会导致占有和消费的任何不平等，并反对任何特权。在科学共产主义（马克思主义及其各流派）的理论中，它在发展上分两个阶段，初级阶段是社会主义，高级阶段是共产主义。通常所说的共产主义，指共产主义的高级阶段。

按照马克思主义理论（历史唯物主义），资本主义必将为共产主义所取代，这是不以人们的意志为转移的社会发展的历史规律。因随着工业革命后各种机械自动化生产所带来的高生产力，长期而言经济生产所需的人力将愈来愈少，在私有财产制度下绝大多数人将会失业，因此，社会若想继续和平发展就必须进入共产主义，将愈来愈少的工作量分配给各个工作的人，除了为兴趣而自愿长期工作的人之外，基本上多数人可减少许多工作时间就能维持日常生活。共产主义思想在实行上，需要人人有高度发达的集体主义精神，而这就要求社会生产力达到充分的发展和极度的发达。

共产主义社会

共产主义社会是一种社会形态，它是在生产资料公有制的条件下，在高度发达的社会生产力的基础上所实行的一种各尽其职、按需分配的劳动者自由联合的社会经济形态。

官僚资产阶级

官僚资产阶级，亦称"买办资产阶级"，一般指殖民地半殖民地国家中与政府勾结在一起的直接为帝国主义服务并为帝国主义所豢养的大资产阶级。官僚资产阶级是半殖民地半封建的旧中国的统治阶级。它适应帝国主义商品倾销、资本输出和掠夺资源的需要，凭借政权力量，出卖国家主权和民族利益，对无产阶级和劳动人民进行残酷的剥削和压迫，是帝国主义统治中国的代理人。

国家资本主义

国家资本主义是无产阶级国家能够加以限制和规定其活动范围的资本主义。在中国既是把民族资本主义经济逐步改造成为社会主义国营经济的过渡形式，又是在全民所有制经济领导下，加速社会主义四个现代化建设的补充形式。

合作社经济

劳动群众为改变生活条件或生产条件而自愿建立的一种集体经济组织。主要形式有生产合作社、供销合作社、消费合作社、信用合作社等。在生产合作社中，劳动群众自愿入股，国家帮助贷款，劳动群众共同占有生产资料，互助合作，除少量收入实行按股分红外，基本实行按劳分配。它具有组织上的群众性、管理上的民主性和经营上的灵活性等特点，可以由劳动群众自愿集资建立，适合我国现阶段社会生产力的发展。

和平赎买

这是无产阶级夺取政权后，对资产阶级的生产资料通过和平方式并采取有偿办法实行国有化的政策。马克思、恩格斯、列宁都曾提出过在一定条件下对资本家进行赎买的思想。中国共产党从中国的国情出发，确定了对私人资本主义工商业实行和平赎买的政策，即通过国家资本主义方式，逐步把资本主义企业改造成社会主义企业。1953年，中华人民共和国正式提出对资本主义工商业进行社会主义改造过程中对利润分配的规定，也是对资本主义进行和平赎买的方法。和平赎买主要适用于国家资本主义的初、中级形式。目的是通过合作，达到将私营工商业引上国家资本主义的轨道。具体做法是私营企业每年的利润采取四分法（俗称"四马分肥"），即30%左右上交，作为国家所得税；10%—30%作为企业的公积金，用于扩大再生产；职工福利资金占5%—15%，用于举办职工福利事业和奖励生产上的先进职工；剩余的25%左右作为资本家的股息红利（包括董事、监事和经理及厂长的酬劳金）。赎买政策的实行，不但减少了资产阶级对社会主义改造的阻力，而且有利于逐步把资本家改造成为自食其力的劳动者。

环境友好型社会

环境友好型社会，就是全社会都采取有利于环境保护的生产方式、生活方式、消费方式，建立人与环境良性互动的关系。建设环境友好型社会，就是要以人与自然和谐相处为目标，以环境承载力为基础，以遵循自然规律为准则，以绿色科技为动力，倡导环境文化和生态文明，构建经济社会环境协调发展的社会体系，实现可持续发展。

十六届五中全会明确提出要建设资源节约型、环境友好型社会，是以胡锦涛为总书记的党中央紧密结合中国国情，借鉴国际先进发展理念，着力解决中国经济发展与资源环境矛盾的一项重大战略决策，对于全面落实科学发展观，不断提高资源环境保障能力，实现国民经济又快又好发展具有重要意义。

机会主义

机会主义，也称投机主义，指为了达到自己的目标不择手段的做法，突出的表现是不按规则办事，视规则为腐儒之论，其最高追求是实现自己的目标，以结果来衡量一切，而不重视过程。如果它有原则的话，那么它的最高原则就是成王败寇。机会主义也可指工人运动或无产阶级政党内部出现的违背马克思主义根本原则的思潮、路线。它是资产阶级或小资产阶级思想的反映。机会主义有两种表现形式：一种是右倾机会主义，另一种是"左"

倾机会主义。

甲午中日战争

甲午中日战争（1894—1895），新兴的帝国主义国家日本为实现其"侵韩征华"的狂妄计划而发动的侵华战争。清政府被迫签订了反映列强瓜分世界、资本输出的侵略要求的《马关条约》，使中国社会半殖民地半封建化的程度大大加深了。

教条主义

教条主义是主观主义的一种表现形式，亦称本本主义。主要特点是从书本的个别定义、词句出发，不从实际出发。无产阶级革命队伍中的教条主义者，不把马克思列宁主义当作行动的指南，而是把它当作僵死的教条和不变的公式，到处生搬硬套。他们不愿做艰苦细致的调查研究工作，不肯动脑分析具体问题，反对理论和实践相结合，脱离实际，脱离群众。用这种思想方法指导工作，会给革命和建设事业带来严重危害。

阶级中的阶层

阶级中的阶层，通常指同一个阶级内，由于所处的经济地位不同而划分出的若干不同的层次。如根据生产资料的占有多寡不同，将资产阶级分为大资本家和中小资本家；旧中国是半殖民地半封建社会，资产阶级由于来源不同，依据对象不同，占有生产资料的方式不同，分为官僚资产阶级、买办资产阶级和民族资产阶级三个层次；土地改革时期，依据占有土地的多少和收入来源的不同，农民阶级曾被划分为雇农、贫农、下中农、中农、富裕中农几个层次。这些层次的划分有利于无产阶级更好地认识各阶级中的不同力量，进而采取不同的团结策略。知识分子是一个特殊的阶层，其阶级地位分属于它所服务的那个阶级。

解放思想

  解放思想是指在马克思主义指导下打破习惯势力和主观偏见的束缚，研究新情况，解决新问题。解放思想就是使思想和实际相符合，使主观和客观相符合，就是实事求是。解放思想、实事求是是邓小平理论的哲学基础，它不是一个抽象空洞的哲学命题，而是以建设有中国特色社会主义和现代化建设为对象，是由实践到认识乃至理论的科学思想体系。解放思想不仅具有丰富的哲学理论性和文化思想性，更重要的是具有广泛的指导性和实践性。从实践到认识和从认识到实践的全过程，自始至终贯穿着马克思主义的立场、观点和方法。

科学发展观

  科学发展观，是中共中央总书记胡锦涛在2003年7月28日的讲话中提出的"坚持以人为本，树立全面、协调、可持续的发展观，促进经济社会和人的全面发展"，按照"统筹城乡发展、统筹区域发展、统筹经济社会发展、统筹人与自然和谐发展、统筹国内发展和对外开放"的要求推进各项事业的改革和发展的一种方法论，也是中国共产党的重大战略思想。在中国共产党第十七次全国代表大会上写入党章，成为中国共产党的指导思想之一。

科学社会主义

科学社会主义是与空想社会主义相对而言的、关于社会主义的科学的理论体系、理论模型与实践模式。科学社会主义是人类一切文明成果的结晶。马克思、恩格斯运用辩证唯物主义的逻辑思维形式，在批判历代空想社会主义的基础上，以历史唯物主义的观点揭示和发现了人类社会发展的规律及当代资本主义经济运动的规律——剩余价值规律。马克思的这两个规律的发现使社会主义从空想变成了科学。科学社会主义是关于无产阶级解放斗争发展规律的科学，是一门政治科学，或者说是一门政治学。

劳动对象

劳动对象指劳动本身所对应的客体，比如耕作的土地、纺织的棉花等。包括两大类：一是自然界的物质，即未经人类加工过的自然物，如矿藏；一是人类劳动加工过的，用作原材料的产品，如棉花、钢铁等。

劳动力

劳动力，即人的劳动能力，指蕴藏在人体中的脑力和体力的总和。物质资料生产过程是劳动力作用于生产资料的过程。离开劳动力，生产资料本身是不可能创造任何东西的。但是，在物质资料生产过程中，劳动力发挥作用，除了必须具备一定的生产经验和劳动技能或科学文化知识外，还必须具备一定量的生产资料，否则，物质资料生产过程也是不能进行的。劳动者在生产过程中运用自己的劳动力和生产工具，作用于劳动对象，既可以创造出物质财富，也可以不断提高自己的劳动技能。

马克思列宁主义

马克思列宁主义是马克思主义和列宁主义的统称。马克思主义是对马克思和恩格斯的观点和学说的总体称谓，是无产阶级及其政党的十分严整而彻底的世界观，是无产阶级开展解放运动的理论指导，是无产阶级根本利益的科学表现。列宁主义是帝国主义和无产阶级革命时代的马克思主义，是由列宁和他的战友在参加和领导俄国和国际工人运动的实践活动中，在同第二国际机会主义作斗争中，总结无产阶级新的历史经验和科学发展的新成果而形成的。它使无产阶级专政成为现实，使社会主义从科学的理论变成现实的社会制度。

马克思主义

马克思主义是马克思、恩格斯在19世纪工人运动实践基础上创立的理论体系。马克思主义主要以唯物主义角度编写而成。马克思主义理论体系包括三部分，即马克思主义哲学、马克思主义政治经济学、科学社会主义，分别是马克思、恩格斯受德国古典哲学、英国古典政治经济学、法国空想社会主义影响，并在此基础上创立的。马克思主义作为内涵丰富、外延无限的一整套严密的思想体系，我们可以从不同方面对其进行不同的定义。马克思主义从它的创造者、继承人的认识成果上讲，可以定义为：马克思主义是马克思、恩格斯创建的马克思主义者不断加以丰富发展的观点和学说的体系；从它的阶级属性讲，可以定义为：马克思主义是关于无产阶级和人类解放的科学，尤其是关于无产阶级斗争的性质、目的和条件的学说；从它的研究对象讲，可以定义为：马克思主义是一个内容极其丰富的、宏伟的、科学的理论体系，是关于自然、社会和思维发展普遍规律的学说，特别是关于资本主义发展和转变为社会主义，以及社会主义和共产主义发展普遍规律的学说。

马克思主义哲学

马克思主义哲学是关于自然、社会和思维发展的一般规律的科学，是唯物论和辩证法的统一，是唯物论自然观和历史观的统一。它是在继承和发展了德国的古典哲学,英国的古典政治经济学,英国、法国的空想社会主义下形成的马克思主义的三个组成部分之一。马克思主义哲学的主要理论来源是辩证法和唯物论,辩证唯物主义和历史唯物主义是马克思主义哲学的两大组成部分,实践概念是它的基础。

马克思主义政治经济学

马克思主义政治经济学,是马克思主义的重要组成部分。它既是我们从理论高度认识和研究资本主义的经济科学,也是我们进行社会主义经济建设和改革开放的理论指导。马克思主义政治经济学,首先包括马克思创建的政治经济学的基本原理和方法,也包括后来由列宁、毛泽东、邓小平和党中央发展了的经济思想与理论,还包括经济学界以马克思主义为指导研究当代资本主义和社会主义所取得的有关成果。马克思主义政治经济学的基本观点主要包括在马克思的重要著作《资本论》中,在《资本论》中,马克思研究了资本主义经济学的理论和英国历年的经济统计资料,对资本主义经济学理论进行了分析和批判。

毛泽东思想

毛泽东思想是马克思列宁主义普遍原理和中国革命具体实践相结合的产物。它是以毛泽东同志为主要代表的中国共产党人运用马克思主义的立场、观点和方法，把中国长期革命和建设实践中的一系列独创性经验作了理论概括而形成的适合中国情况的科学的指导思想。它是马克思列宁主义在中国的运用和发展，是被实践证明了的适合中国革命和建设的正确的理论原则和经验总结，是中国共产党集体智慧的结晶。

民族资产阶级

民族资产阶级是中国共产党在其阶级斗争的理论中创造出来的一个概念，指的是半殖民地半封建社会下，自身的经济发展与外国资本主义没有太多联系，资本相对于官僚资产阶级或买办资产阶级势力较弱的一类资产阶级团体。中华人民共和国国旗的其中一颗小星就代表着"民族资产阶级"。

南昌起义

1927年4月和7月，国民党蒋介石集团和汪精卫集团，先后在上海和武汉发动反革命政变，国共合作的大革命遭到失败。为挽救中国革命，中共中央决定举行武装起义。8月1日，周恩来、贺龙、叶挺、朱德、刘伯承等领导国民革命军2万余人在南昌起义，汪精卫急令张发奎、朱培德等部向南昌进攻。8月3日起，起义军分批撤出南昌，向广东进发，沿途多次打破国民党军的阻截，于9月下旬到达广东潮州、汕头。10月初，起义军进攻汤坑失利，部队大部分被打散。剩余部队一部分加入海陆丰地区的革命军队，一部分在朱德、陈毅率领下，转战闽粤赣湘边，最后保存下来的起义军约800人，参加了湘南起义，并于1928年4月到达井冈山革命根据地，同毛泽东领导的湘赣边界秋收起义部队会合。南昌起义打响了武装反抗国民党反动派的第一枪，标志着中国共产党独立地创造革命军队和领导革命战争的开始，8月1日也成了中国人民解放军的建军节。

农业生产合作社

农业生产合作社，亦称"农业合作社"，简称"农业社"，是新中国农民为共同发展农业生产，自愿联合组成的社会主义集体经济组织。我国的农业生产合作社，一般是在农业合作化运动中，以带有社会主义萌芽性质的农业生产互助组为基础而建立起来的。按照集体化程度的不同，可分为半社会主义性质的初级农业生产合作社和完全社会主义性质的高级农业生产合作社两种形式。

人民代表大会制度

人民代表大会制度，简称人大或人代会，是中华人民共和国的根本政治制度，是代表中国人民行使国家权力的国家机关，是中国人民民主专政政权的组织形式，是社会主义上层建筑的重要组成部分。人民代表大会制度是在中国共产党领导下，中国人民在长期革命斗争中创造和发展起来的。它既借鉴了巴黎公社"议行合一"的原则和苏维埃政权建设的经验，又是对革命根据地政权建设工作的经验总结。

人民民主专政

人民民主专政是在《中华人民共和国宪法》中使用的一个概念，由毛泽东提出，毛泽东说，"人民民主专政"即"人民民主独裁"。毛泽东对此的解释是："剥夺反动派的发言权，只让人民有发言权。"在这个概念当中，"专政"没有被当作贬义词使用，中国共产党视之为适合中国特殊国情的政治架构形式。这是因为中国共产党和中华人民共和国始终代表最广大人民的根本利益，可以使用专制的方法来对待敌对势力以维持人民民主政权。中国共产党领导的人民民主政权在人民内部实行民主，逐步扩大社会主义民主，发展社会主义民主政治；对境内外敌对势力和犯罪分子实行专政。

人民群众

人民群众是共产党及马克思主义论述中常使用的基本概念，主要指阶级社会中从事生产的劳动群众和劳动知识分子的主体性角色。然而，人民群众是个具体的、历史的概念。它的具体性在于有质和量的规定性。从质的规定性上看，是指对历史发展起推动作用的一切人，但在不同的历史时期，其表现不同。人民群众概念所包含的内容和范围，是由革命的对象和任务所决定的，在社会发展的不同历史时期，随着革命对象和任务的变化而具有不同的内容，所以又说它是一个历史的概念。例如，在我国抗日战争时期，民族矛盾上升为主要矛盾，革命的对象和任务是把日本帝国主义赶出中国去。这时，一切抗日的阶级、阶层和社会集团都属于人民的范畴；汉奸、亲日派则是人民的敌人。在解放战争时期，美帝国主义和它的走狗即官僚资产阶级、地主阶级以及代表这些阶级的国民党反动派，都是人民的敌人；而一切反对这些敌人的阶级、阶层和社会集团，都属于人民。从量的规定性上看，人民群众是指一个社会的基本群众，是多数。不管历史情况发生怎样的变化，人民群众的主体和稳定部分，始终是从事物质资料生产的劳动群众和不剥削他人的脑力劳动者。

日本侵华战争

日本侵华战争（1931—1945），是近代持续时间最长的侵华战争，是20世纪上半叶日本发动的第二次侵华战争，给中国人民带来了沉重的灾难。而为了抵抗日本的侵略，国共两党合作抗日，取得了近百年来中国人民第一次反帝斗争的完全胜利。

三湾改编

1927年湘赣边界秋收起义后,毛泽东率起义部队到达江西永新县三湾村。毛泽东在三湾村主持召开前委会议并对部队进行整编,由于部队减员较多,剩下的不满千人,因此把原来一个师缩编为一个团,称工农革命军第一军第一师第一团,在军队中建立党的各级组织,营团建党委,连设支部,连以上各级均设党代表,班设党小组,全军由毛泽东任书记的前委领导。这次改编还确立了军队内的民主制度。三湾改编在人民军队的建军史上具有重要意义,确立了党对军队的绝对领导,保证了军队的无产阶级性质。三湾改编所确立的"党指挥枪"的原则,从政治和组织上奠定了新型人民军队的基础。

社会必要劳动时间

社会必要劳动时间是与"个别劳动时间"相对而言的,指在现有的社会正常的生产条件下,在社会平均的劳动熟练程度和劳动强度下制造某种使用价值所需要的劳动时间。这里的"现有的社会正常的生产条件"是指现时某生产部门的平均生产条件,或大多数商品生产者所具有的生产条件,其中最主要是劳动工具的状况;这里的"平均的劳动熟练程度和劳动强度"是指中等水平或部门的平均劳动熟练程度和劳动强度。如生产一件上衣,各个商品生产者由于设备、技术熟练程度等差别,个别劳动时间从2小时到4小时不等,但一般用3小时的劳动就能生产出来,这3小时就是生产上衣的社会必要劳动时间,它随社会劳动生产率的提高而减少。另外,马克思在分析社会生产各部门之间按比例分配社会总劳动的必要性时,提出另一个意义上的社会必要劳动时间,是指满足社会对某种产品的需要而必须分配到某一部门去的那部分社会劳动时间,如社会需要10万双鞋,每双鞋需平均耗费社会劳动时间1小时,则生产鞋所需的社会必要劳动时间为10万小时。

社会主义

社会主义是一套经济体系和政治理论,主张或提倡公共或以整个社会作为整体,来拥有和控制生产资料(产品、资本、土地、资产等),其管理和分配基于公众利益。其提倡由集体或政府拥有与管理生产工具,分配物资。社会主义分为了诸多流派,从建立合作经济管理结构到废除等级制度以至于自由联合。作为一项政治运动,社会主义的政治哲学主张从改良主义到革命社会主义均有分布。如国家社会主义主张通过推动生产、分配和交换全方位的国有化来实现社会主义;自由社会主义倡导工人传统地控制生产方式,反对国家权力来进行管理;民主社会主义则通过民主化进程来寻求建立社会主义。

现代社会主义理论始于18世纪知识分子与工人阶级发起的批评工业化与私有财产对社会影响的政治运动。早期的空想社会主义者，诸如罗伯特·欧文曾试图建立一个自给自足并脱离资本主义社会的公社；而圣西门则创造了名词socialisme，提倡技术官僚与计划工业的应用。马克思和恩格斯共同设计创造了一个理想的社会制度，通过除去导致不合格与周期性生产过剩的无政府主义和资本主义生产，来允许广泛应用现代科技，从而将经济活动合理化。在19世纪初期，社会主义还只是表明关注社会问题；到了19世纪末期，社会主义已经成为了建立基于社会共有的新体制的推动力，并站到了资本主义的对立面。

社会主义工业化

社会主义工业化就是原来经济比较落后的社会主义国家建立强大的现代工业，变落后的农业国为先进的工业国的过程。在我国，实现社会主义工业化，要求建成一个基本上完整的工业体系，使工业生产在社会生产中占主要地位，只有实现社会主义工业化，才能以先进的技术装备农业和国民经济各部门，迅速发展社会生产力，巩固和发展社会主义生产关系，建立独立的国民经济体系和强大的国防，壮大工人阶级力量，巩固工农联盟，加强人民民主专政。

社会主义和谐社会

社会主义和谐社会是人类孜孜以求的一种美好社会，是马克思主义政党不懈追求的一种社会理想。中外历史上都产生过不少有关和谐社会的思想。进入21世纪后，中共十六大和十六届三中全会、四中全会，从全面建设小康社会、开创中国特色社会主义事业新局面的全局出发，明确提出构建社会主义和谐社会的战略任务，并将其作为加强党的执政能力建设的重要内容。中共十六大报告第一次将"社会更加和谐"作为重要目标提出。中共十六届四中全会，进一步提出构建社会主义和谐社会的任务。根据马克思主义基本原理和中国社会主义建设的实践经验，根据新世纪新阶段中国经济社会发展的新要求和中国社会出现的新趋势、新特点，我们所要建设的社会主义和谐社会，应该是民主法治、公平正义、诚信友爱、充满活力、安定有序、人与自然和谐相处的社会。

社会主义核心价值体系

社会主义核心价值体系，其基本内容包括马克思主义指导思想、中国特色社会主义共同理想、以爱国主义为核心的民族精神和以改革创新为核心的时代精神、社会主义荣辱观。

社会主义精神文明

社会主义精神文明是中国共产党在新时期提出的一个马克思主义的新概念。邓小平同志高度重视精神文明建设，并把精神文明建设看作社会主义社会的重要特征之一。以邓小平同志为代表的当代中国共产党人,在改革开放和现代化建设过程中,创建了社会主义精神建设理论。这一理论集中体现在邓小平同志的一系列重要论述和党中央的一系列重要文献中,党的十二届六中全会上通过的《中共中央关于社会主义精神文明建设指导方针的决议》体现得尤其明显。

社会主义社会

社会主义社会,是一种社会形态,指用马克思主义理论指导,重视社会福利,采用财产公有制的,通常是共产主义政党专政、工人阶级领导的社会。按照马克思主义理论,社会主义社会是资本主义社会向共产主义社会的过渡性社会形态。

社会主义文化

社会主义文化是以科学发展为主题,以建设社会主义核心价值体系为根本任务,以满足人民精神文化需求为出发点和落脚点,以改革创新为动力,发展面向现代化、面向世界、面向未来的,民族的科学的大众的社会主义文化。

生产关系

生产关系是指在物质生产过程中形成的人们之间的社会关系,它集中体现了人们之间的物质利益关系。生产关系的内容包括人们在一定的生产资料所有制基础上形成的、在社会生产总过程中发生的生产、分配、交换和消费的关系。

生产力

生产力，又称"社会生产力"，是人们征服自然、改造自然、获得物质资料的能力。生产力和生产关系是社会生产不可分割的两个方面。生产力包括劳动者、劳动资料和劳动对象三大要素。

生产资料

生产资料，也称作生产手段，是马克思主义理论家认定的生产力三要素之一。生产资料主要指劳动者进行生产时所需要使用的资源和工具。一般包括土地、厂房、机器设备、工具、原料，等等。生产资料是生产过程中的劳动资料和劳动对象的总和，它是任何社会进行物质生产所必备的物质条件。

十月革命

十月革命（又称布尔什维克革命、俄国共产革命等），是1917年俄国革命经历了二月革命后的第二个阶段。十月革命发生于1917年11月7日（俄历10月25日）。前苏联、中国等社会主义国家及组织普遍认为，十月革命是经列宁和托洛茨基领导下的布尔什维克领导的武装起义，建立了人类历史上第二个无产阶级政权（第一个是巴黎公社无产阶级政权）和由马克思主义政党领导的第一个社会主义国家——苏维埃俄国。革命推翻了以克伦斯基为领导的资产阶级俄国临时政府，为1918年—1920年俄国内战和1922年苏联成立奠定了基础。

实事求是

实事求是出自《汉书·河间献王刘德传》的"修学好古，实事求是"一句。毛泽东在《改造我们的学习》一文中，对这一古语作了新的解释，他说："'实事'就是客观存在着的一切事物，'是'就是客观事物的内部联系，即规律性，'求'就是我们去研究。我们要从国内外、省内外、县内外、区内外的实际情况出发，从其中引出其固有的而不是臆造的规律性，即找出周围事物的内部联系，作为我们行动的向导。而要这样做，就须不凭主观想象，不凭一时的热情，不凭死的书本，而凭客观存在的事实，详细地占有材料，在马克思列宁主义一般原理的指导下，从这些材料中引出正确的结论。"

世界观

世界观，也叫宇宙观，是哲学的朴素形态。世界观是人们对整个世界的总的看法和根本观点。由于人们的社会地位不同，观察问题的角度的不同，就形成了不同的世界观。哲学是其理论表现形式。世界观的基本问题是精神和物质、思维和存在的关系问题，根据对这两者关系的不同回答，划分为两种根本对立的世界观基本类型，即唯心主义世界观和唯物主义世界观。

私有制

私有制，也叫所有制，是相对于公有制的经济制度，是在这种制度下进行的生产资料个人或集体的排他性占有。私有制是剥削社会（以奴隶社会、封建社会、资本主义、特权主义和专制社会为代表）的基本标志之一。

思想路线

思想路线就是认识问题、解决问题所遵循的方向、道路及基本方法。党的思想路线是指导政党实践活动的思维方式和原则。一定的思想路线是以一定的世界观和方法论为理论依据的。

四个现代化

四个现代化，即工业现代化、农业现代化、国防现代化、科学技术现代化。1954年召开的第一届全国人民代表大会，第一次明确地提出要实现工业、农业、交通运输业和国防的四个现代化的任务，1956年又一次把这一任务列入党的八大所通过的党章中。

1964年12月第三届全国人民代表大会第一次会议上，中华人民共和国国务院总理周恩来根据中国共产党中央委员会主席毛泽东的建议，在代表中华人民共和国国务院向第三届全国人民代表大会所作的《政府工作报告》中首次提出，在20世纪内，把中国建设成为一个具有现代农业、现代工业、现代国防和现代科学技术的社会主义强国，并宣布了实现"四个现代化"目标的"两步走"设想。

四人帮

四人帮指王洪文、张春桥、江青、姚文元四人在文化大革命期间所结成的帮派。"四人帮"这一称谓最先由毛泽东于1974年1月初在对江青等人借"批林批孔"之机把矛头指向周恩来的批评中提出。"四人帮"成员早期是中央文革小组的重要成员，后全部进入中央政治局，并担任极其重要的职位。

统筹兼顾

统筹兼顾，就是要求我们在工作中要做到总揽全局、协调各方、统筹谋划、兼顾全面，充分调动一切积极因素，妥善处理各种利益关系，着力加强经济社会发展的薄弱环节。

万隆会议

万隆会议，又称第一次亚非会议，召开于1955年4月18日—4

月24日，是部分亚洲和非洲的第三世界国家在印度尼西亚万隆召开的国际会议，也是亚非国家第一次在没有殖民国家参加的情况下讨论亚非事务的大型国际会议。万隆会议的主要目的是促进亚非国家之间的经济文化交流，并共同抵制美国与苏联的殖民主义和新殖民主义活动。以周恩来总理为首的中国代表团，坚持"求同存异"的方针，开展了卓有成效的工作，推动会议在和平共处五项原则基础上达成了"万隆十项原则"，作出了历史性贡献。

唯物主义

唯物主义即唯物论，是一种哲学理论，肯定世界的基本组成为物质，物质形式与过程是我们认识世界的主要途径，持着"只有事实上的物质才是真实存在的实体"这一种观点，并且被认为是物理主义的一种形式。该理论的基础是，所有的实体（和概念）都是物质的一种构成或者表达，并且，所有的现象（包括意识）都是物质相互作用的结果，在意识与物质之间，物质决定了意识，而意识则是客观世界在人脑中的生理反应，也就是有机物出于对物质的反应。因此，物质是唯一事实上存在的实体。作为对现实世界的一种解释，唯物主义是唯心主义和心灵主义的一个对立面。

唯物主义有机械唯物主义和辩证唯物主义的区别，机械唯物主义认为物质世界是由各个个体组成的，如同各种机械零件组成一个大机器，不会变化；辩证唯物主义认为物质世界永远处于运动与变化之中，是互相影响、互相关联的。机械唯物论的代表人物是费尔巴哈，辩证唯物论的代表人物是马克思、恩格斯和列宁。

唯心主义

唯心主义即唯心论，又译作理念论、观念论，是哲学中对思想、心灵、语言及事物等彼此之间关系的讨论及看法。唯心论秉持世界或现实如同精神或意识，都是根本的存在。唯心论直接相对于唯物论，后者认为世界的基本成分为物质，我们对世界的认识主要是通过物质，并将其视为一种物质形式与过程。唯心论同时也反对现实主义的哲学观，后者认为在人类的认知中，我们对物体的理解与感知，与物体独立于我们心灵之外的实际存在是一致的。

马克思主义哲学则认为唯心论是哲学上的两大基本派别之一，是与唯物论对立的理论体系。唯心论在哲学基本问题上主张精神、意识的第一性，物质的第二性，也就是说，唯心论主张物质依赖意识而存在，物质是意识的产物的哲学派别，并认为可以区分为主观唯心论和客观唯心论两种基本类型。

文化大革命

无产阶级文化大革命，通称文化大革命，简称文革，是中华人民共和国始于1966年的一场重大政治运动，被广泛认为是自1949年建国至今最动荡不安的灾难性阶段，常被冠以"十年动乱"、"十年浩劫"、"文化浩劫"。

文革的指导思想来源于斯大林在《联共(布)党史简明教程》中讲到同布哈林右倾机会主义分子作斗争时，引证了列宁1919年说过的一段话："消灭阶级要经过长期的、艰难的、顽强的阶级斗争。在推翻资产阶级政权以后，在破坏资产阶级国家以后，在建立无产阶级专政以后，阶级斗争并不是消失，而只是改变它的形式，在许多方面变得更加残酷。"毛泽东认为苏联的党和国家的领导被以赫鲁晓夫为首的修正主义者篡夺了。据此毛泽东提出的所谓"四个存在"理论，即"社会主义社会是一个相当长的历史阶段，在这个历史阶段中，始终存在着阶级、阶级矛盾和阶级斗争，存在着社会主义同资本主义两条道路的斗争，存在着资本主义复辟的危险性，存在着帝国主义和社会帝国主义进行颠覆和侵略的威胁。"在此基础上，毛泽东发展出在"无产阶级专政下继续革命的理论"。

文革自1966年5月16日开始，结束于1976年10月四人帮被粉碎。在1977年中共十一大上，中共中央主席华国锋正式宣布"文化大革命"结束。

文化大革命的指导思想和活动性质均在中国共产党第十一届六中全会于1981年6月27日一致通过的《关于建国以来党的若干历史问题的决议》中被正式否定，决议认为毛泽东应负上主要责任。该决议的正式表述是："'文化大革命'是一场由领导者错误发动，被反革命集团利用，给党、国家和各族人民带来严重灾难的内乱。"

无产阶级

根据马克思主义理论，无产阶级一词指不拥有生产资本，单纯靠出卖劳动力获取收入的劳动者。马克思主义理论把无产阶级划分为普通无产阶级和下层无产阶级。在实际使用的含义中，近似地等同于近代以来出现的，主要受雇于资本家，依靠雇佣工资生活的工人群体。在马克思的理论中，无产阶级是被资产阶级通过剥削其生产价值和工资之间的差异（剩余价值）以获得利润的对象，因此，其大多在生存水平线上挣扎，教育相对落后（除非有极佳的社会福利），直到难以生存时，便容易铤而走险，当人数够多时，便会起身革命，尝试推翻现有政府及资本家。在社会主义社会，工人阶级已摆脱了被剥削、被压迫的地位，成为掌握国家政权的领导阶级。

五四运动

五四运动发生于1919年5月4日，是一场发生于中国北京、以青年学生为主的学生运动，以及包括广大群众、市民、工商界人士等中下阶层广泛参与的一次示威游行、请愿、罢课、罢工、暴力对抗政府等多形式的爱国运动。事件起因在第一次世界大战完结后举行的巴黎和会中,列强肆意践踏中国主权,把德国在山东的权益转让给日本,即山东问题。当时北洋政府未能捍卫国家利益,在列强面前显得软弱,国人异常不满,从而上街游行表达不满。以学生斗争为先导的五四爱国运动由此爆发,运动迅速波及全国。6月3日起,运动的主力由学生转变为工人阶级,中国工人阶级开始以独立的姿态登上政治舞台,各地工人纷纷举行罢工抗议活动。五四运动是中国革命史上具有划时代意义的事件,标志着中国新民主主义革命的开端。

广义的五四运动则是指自1915年中日签订《二十一条》至1926年北伐战争之间,中国知识界和青年学生反思中国传统文化,追随"德先生"(民主)与"赛先生"(科学),探索强国之路的新文化运动的继续和发展。1924年4月19日,中国共产党中央局委员长陈独秀、秘书毛泽东联名发出通告,第一次要求各地党和团的组织开展"五一"、"五四"、"五五"、"五七"纪念和宣传活动,强调恢复国权运动、新文化运动,纪念五五(马克思诞辰),目的在于传播马克思主义。1939年八路军总政治部、中央青委发出《关于部队纪念"五四"青年节工作的指示》,明确指出中央青委决定每年5月4日为中国青年节。

五位一体

"五位一体"是十八大报告的"新提法"之一。经济建设、政治建设、文化建设、社会建设、生态文明建设——着眼于全面建成小康社会、实现社会主义现代化和中华民族伟大复兴,党的十八大报告对推进中国特色社会主义事业作出"五位一体"总体布局。

小资产阶级

小资产阶级,指占有一定的生产资料或有少量财产的私有者,一般指不受他人剥削,也不剥削别人(或仅有轻微剥削),主要靠自己劳动为生的个体劳动者阶级。它在资本主义社会里是非基本的阶级,亦称为中间等级,主要包括农民、小手工业者、小商人、小业主等。作为劳动者,在思想上倾向于无产阶级;作为私有者,又倾向于资产阶级,极易受资产阶级思想的影响。因此,在反对封建主义的斗争中既具有革命性,同时也存在政治上的动摇性、斗争中的软弱性和革命的不彻底性。随着资本主义的发展,他们不断地向两极分化,大部分破产沦落为无产阶级或半无产阶级,小部分发财上升为资产阶级。

新民主主义

新民主主义,是中共领导人毛泽东提出的关于殖民地半殖民地国家的无产阶级领导民主革命的理论,曾经是毛泽东思想的核心内容。毛泽东当时认为在实行共产主义之前,必须先经过新民主主义这一过渡性的阶段，这一理论在毛泽东的《新民主主义论》（1940年1月9日陕甘宁边区）一文中有充分论述。《新民主主义论》的发表，不仅标志着毛泽东创立了完整的新民主主义革命理论，而且创立了全新的新民主主义社会理论。2月20日毛泽东在延安各界宪政促进会成立大会上的《新民主主义的宪政》中否定"由一党一派一阶级来专政"。后来，他在《论联合政府》、《论人民民主专政》等著作中又做了进一步阐述和发挥，使其更加系统和完整。然而，1953年毛泽东执政后却猛烈批判"确立新民主主义社会秩序"，明确放弃新民主主义。

形而上（学）

形而上出自《易经·系辞》，原文为"形而上者谓之道，形而下者谓之器"。用现代的思维讲，形而下就是指具体的器物（可以拓展到感性的事物），形而上就是指比较抽象的规律（包含做人做事的原则）。形而上是精神方面的宏观范畴，用抽象（理性）思维，形而上者道理，起于学，行于理，止于道，故有形而上者谓之道；形而下是物质方面的微观范畴，用具体（感性）思维，形而下者器物，起于教，行于法，止于术，故有形而下者谓之器。

形而上学（metaphysics，意为"物理学之后"）是哲学术语，哲学史上指哲学中探究宇宙根本原理的部分。马克思认为形而上学是指与辩证法对立的,用孤立、静止、片面的观点观察世界的思维方式。黑格尔把形而上学作为与辩证法相对立的一种机械教条的研究方法来批判,因此,形而上学也可以被表述成为教条主义。

修正主义

"修正"一词的含义,来源于拉丁文,有"修改、重新审查"的意思。"修正主义"一词,是在共产主义运动中对马克思主义进行歪曲、篡改、否定的一类资产阶级思潮和政治势力,是国际工人运动中打着马克思主义旗号反对马克思主义的机会主义思潮。

鸦片战争

鸦片战争(1840—1842),英国为了把中国变为其殖民地而发动的侵华战争,清政府被迫签订了《南京条约》及其附件《黄埔条约》、《望厦条约》等中国近代第一批不平等条约,使中国历史发生了巨变,中国开始进入半殖民地半封建社会。

延安整风运动

延安整风运动,一般又称作延安整风、抢救运动、抢救失足者运动,是中国共产党自1942年2月开始在陕甘宁边区延安根据地所发动的一场政治和文化的运动，持续了约3年时间。所谓的整风是指"整顿三风"，包括"反对主观主义以整顿学风，反对宗派主义以整顿党风，反对党八股以整顿文风"。整风运动的实行，使毛泽东在党中央的地位更为确立，也使共产党对于干部和党员的领导更为有力。

以人为本

以人为本是科学发展观的核心，回答了为谁发展、靠谁发展的问题，指明了我国经济社会发展的价值取向和依靠力量。我们提出以人为本的根本含义，就是坚持全心全意为人民服务，立党为公、执政为民，始终把最广大人民的根本利益作为党和国家工作的根本出发点和落脚点，坚持尊重社会发展规律与尊重人民历史主体地位的一致性，坚持为崇高理想奋斗与为最广大人民谋利益的一致性，坚持完成党的各项工作与实现人民利益的一致性，坚持保障人民利益与促进人的全面发展的一致性，坚持发展为了人民、发展依靠人民、发展成果由人民共享。

中法战争

中法战争（1883—1885），法国以越南为跳板发动的对华侵略战争。由于清政府的腐败，在法国的逼迫下签订了《中法新约》，法国由此打开了中国西南的门户。

中国共产党全国代表大会

中国共产党全国代表大会是中国共产党的最高领导机关，在党内拥有最高决策权。《中国共产党章程》规定，每五年举行一次，由中央委员会负责筹办。中央委员会认为有必要，或者三分之一以上的省一级组织提出要求，全国代表大会可以提前举行，如无非常情况，不得延期举行。其职权是听取和审查中央委员会的报告；听取和审查中央纪律检查委员会的报告；讨论和决定党的重大问题；修改党章；选举中央委员会；选举中央纪律检查委员会。大会闭会期间，中央委员会执行全国代表大会的决议，领导党的全部工作，对外代表中国共产党。

中国特色社会主义共同理想

中国特色社会主义共同理想是社会主义核心价值体系的基本内容的一部分。即坚定对中国共产党的信任，坚定走中国特色社会主义道路，坚定实现中华民族的伟大复兴。

资本主义

资本主义，也被称为自由市场经济或自由企业经济，其特色是个人或是企业拥有资本财产，且投资活动是由个人决策左右，而非由国家所控制，一般并没有准确之定义，不同的经济学家也对资本主义有不同的定义。一般而言，资本主义指的是一种经济学或经济社会学的制度，在这样的制度下绝大部分的生产资料都归私人所有，并借着雇佣或劳动的手段以生产资料创造利润。在这种制度里，商品和服务借由货币在自由市场里流通。投资的决定由私人进行，生产和销售主要由公司和工商业控制并互相竞争，依照各自的利益采取行动。

资产阶级

资产阶级是指占有社会生产资料并使用雇佣劳动的现代资本家阶级，其本质是以生产资料为手段无偿占有雇佣工人的劳动，是现代社会中的主要剥削阶级。

资源节约型社会

资源节约型社会是指在生产、流通、消费等领域，通过采取法律、经济和行政等综合性措施，提高资源利用效率，以最少的资源消耗获得最大的经济和社会收益，保障经济社会可持续发展。

自然经济

自然经济，也叫小农经济，是商品经济的对立面，是私有制经济的一种表现，是存在于市场范围比较小的一种经济形态，是社会生产力水平低下和社会分工不发达的产物。该种经济形态占统治地位的持续时间涵盖原始社会、封建社会以及早期的资本主义社会与半殖民地半封建社会。

宗派主义

宗派主义是指党内存在的一种以宗派利益为出发点的思想和行为，是封建宗派思想、资产阶级、小资产阶级思想在组织上的表现。主要表现为：在个人与党的关系上，把个人放在第一位，把党放在第二位，向党闹独立性；在组织上，任人唯亲，在同志中拉拉扯扯，把资产阶级的庸俗作风搬进党里来；在党内关系上，只强调局部利益，只要民主，不要集中，不遵守个人服从组织、少数服从多数、下级服从上级、全党服从中央的民主集中制原则，进行无原则的派别斗争；在和党外人士的关系上，妄自尊大，骄傲自满，不尊重人家，不学习人家的长处，不愿和人家合作等。

最低纲领、最高纲领

最低纲领通常指无产阶级政党在民主革命时期的奋斗目标。1922年中国共产党第二次全国代表大会制定的最低纲领是完成反帝反封建的民主革命。最高纲领通常指无产阶级政党的最终奋斗目标，即实现共产主义。

左倾、"左"倾、右倾

左倾是指政治上追求进步、同情劳动人民的倾向。

而带引号的"左"倾，则是政治思想上超越客观，脱离社会现实条件，陷入空想、盲动和冒险的倾向。所以，为了表示贬义,特在左字上添加了引号,即"左"倾,以区别于真正的左倾。在中国共产党的历史上,曾多次出现过"左"倾错误。新民主主义革命时期曾有三次:瞿秋白、李立三、王明的"左"倾冒险主义,甚至一度在党中央机关占据过统治地位。

右倾是指政治思想上,认识落后于实际,不能随变化了的客观情况变化、前进,甚至违背客观发展规律的倾向。右倾机会主义在政治斗争中往往放弃原则,牺牲无产阶级的根本利益而求得妥协,又叫右倾投降主义。

邓小平

邓小平(1904—1997),本名邓希贤,参加革命后取名邓小平,1904年8月22日出生在中国西南最大的省——四川省的农村,是中国共产党第一代中央领导集体的重要成员和第二代中央领导集体的核心,是我国各族人民公认的享有崇高威望的杰出领导人。他在中国革命和建设的各个历史时期都作出了重大贡献,是杰出的马克思主义者和坚定的共产主义者,是中国改革开放和社会主义现代化建设的总设计师,是邓小平理论的主要创立者。

恩格斯

弗里德里希·冯·恩格斯(1820—1895),德国思想家、哲学家、革命家,全世界无产阶级和劳动人民的伟大导师,马克思主义的创始人之一。恩格斯是卡尔·马克思的挚友,被誉为"第二提琴手",他为马克思从事学术研究提供了大量经济上的支持。在马克思逝世后,将马克思的大量手稿、遗著整理出版,并且成为国际工人运动众望所归的领袖。

李大钊

李大钊(1889—1927),字守常,河北乐亭人,中国共产党主要创立人之一,中国最早的马克思主义者和共产主义者之一,是中国国民党第一届中央执行委员会委员之一,也是在北伐时期推翻北洋军阀政府的要员之一,同时是共产国际的成员及其在中国的代理人。1927年被捕后遭张作霖处决。李大钊在中国共产主义运动和民族解放事业中,占有崇高的历史地位。

列宁

列宁(1870—1924),原名弗拉基米尔·伊里奇·乌里扬诺夫,列宁是他的笔名。列宁是无产阶级革命家、政治家、思想家、理论家,布尔什维克党创立者、苏联缔造者,任苏联人民委员会主席。他继承和发展了马克思主义,形成了列宁主义理论。他被全世界共产主义者广泛认同为"全世界无产阶级和劳动人民的伟大革命导师和领袖",也被世人认为是20世纪最伟大的人物之一。俄罗斯国家电视台2008年进行了一项关于国内最伟大历史人物的网上民意调查评选活动，经过统计，列宁位列第六，位于亚历山大·涅夫斯基、斯托雷平、斯大林、普希金、彼得大帝之后。

马克思

卡尔·亨利希·马克思（1818—1883），马克思主义的创始人，第一国际的组织者和领导者，全世界无产阶级和劳动人民的伟大导师、政治家、哲学家、经济学家、革命理论家。主要著作有《资本论》、《共产党宣言》。他是无产阶级的精神领袖，是当代共产主义运动的先驱，支持他理论的人被视为马克思主义者。马克思最广为人知的哲学理论是他对于人类历史进程中阶级斗争的分析。他认为几千年以来，人类发展史上最大的矛盾与问题就在于不同阶级之间的利益掠夺。依据历史唯物论，马克思曾大胆地假设，资本主义终将被共产主义所取代。

毛泽东

毛泽东（1893—1976），字润之（原作咏芝，后改润芝），笔名子任，湖南湘潭人。中国革命家、战略家、理论家、诗人，中国共产党、中国人民解放军和中华人民共和国的主要缔造者和领袖，毛泽东思想的主要创立者。从1949年到1976年，毛泽东是中华人民共和国的最高领导人。他对马克思列宁主义的发展、军事理论的贡献以及对共产党的理论贡献被称为毛泽东思想。毛泽东担任过的主要职务几乎全部称为"主席",所以被尊称为"毛主席"。毛泽东被视为现代世界历史中最重要的人物之一,《时代》杂志将他评为20世纪最具影响的100人之一。

斯大林

约瑟夫·维萨里奥诺维奇·斯大林(1879—1953),苏联共产党中央总书记、苏联部长会议主席、苏联大元帅,是苏联执政时间最长(1924—1953)的最高领导人,在任期间,全力进行社会主义工业化和农业集体化,使苏联成为重工业和军事大国,但同时也导致了乌克兰大饥荒。斯大林树立对自己的个人崇拜,实施大清洗,并对车臣等少数族裔进行压迫流放,严重破坏了民主和法制。第二次世界大战中领导苏联红军,与盟军协力击败轴心国,苏联领土也有了很大的扩张。战后他扶植了社会主义阵营,在冷战中与以美国为首的北约对峙。1953年3月5日因脑溢血去世。2008年,俄罗斯国家电视台举行了一次"最伟大的俄罗斯人"的评选活动,斯大林高居第三(四至六位分别是普希金、彼得大帝、列宁),仅次于亚历山大·涅夫斯基和斯托雷平。

孙中山

孙中山,本名孙文,谱名德明,字载之,号日新,又号逸仙,幼名帝象。中国近代民主主义革命先驱,中华民国和中国国民党创始人，三民主义的倡导者。首举彻底反封建的旗帜，"起共和而终帝制"。1905年成立中国同盟会。1911年辛亥革命后被推举为中华民国临时大总统。1929年6月1日，根据其生前遗愿，陵墓永久迁葬于南京钟山中山陵。1940年，国民政府通令全国，尊称其为"中华民国国父"。他是一位在海峡两岸都受到敬重的革命家，中华民国尊其为国父，中国国民党尊其为总理，毛泽东和中国共产党称孙中山为"中国近代民主革命的伟大先行者"。

《共产党宣言》

《共产党宣言》是无产阶级革命导师马克思、恩格斯受"共产主义者同盟"1847年12月伦敦第二次代表大会的委托，于1847年11月—1848年1月间共同撰写的关于科学共产主义的第一个纲领性文献。它是国际共产主义运动的第一个纲领性文献，是一部划时代的光辉文献。《共产党宣言》以辩证唯物主义与历史唯物主义为理论基础，以阶级斗争为线索，解剖了资本主义制度，阐明了资本主义的发生、发展和必然灭亡的客观规律；阐明了无产阶级作为资本主义掘墓人和共产主义创建者的伟大历史使命；论证了无产阶级革命和无产阶级专政是无产阶级获得解放的唯一道路；批判了打着社会主义招牌的同科学共产主义相对立的各种流派的所谓理论；奠定了无产阶级政党的学说，并确立了党的战略、策略、原则。

《论十大关系》

1956年12月26日,《论十大关系》在《人民日报》公开发表。毛泽东《论十大关系》的讲话,初步总结了我国社会主义建设的经验,提出了探索适合我国国情的社会主义建设道路的任务。

《矛盾论》

《矛盾论》是毛泽东哲学代表著作,它是继《实践论》之后,为了克服存在于中国共产党内的严重的教条主义思想而写的。原是1937年7月—8月在延安抗日军事政治大学所讲的《辩证法唯物论》的第三章第一节。于1952年暂收入《毛泽东选集》第二卷,再版时移入第一卷。该书运用唯物辩证法总结了中国共产党领导中国革命斗争的实践经验,从两种宇宙观、矛盾的普遍性、矛盾的特殊性、主要矛盾和矛盾的主要方面、矛盾诸方面的同一性和斗争性、对抗在矛盾中的地位等方面,深刻地阐述了对立统一规律。

《新青年》

《新青年》是在20世纪20年代中国一份具有影响力的革命杂志,在五四运动期间起到了重要作用。16开,每月1期,每6期为一卷。自1915年9月15日创刊号至1922年7月终刊共出版9卷54

期。由陈独秀在上海创立,群益书社发行。由陈独秀、钱玄同、高一涵、胡适、李大钊、沈尹默以及鲁迅轮流编辑。自1918年后,该刊物改为同人刊物,不接受来稿。该杂志发起新文化运动,并且宣传倡导科学、民主和新文学。俄国十月革命后,《新青年》又成为宣传共产主义的刊物之一,后期成为中共早期的宣传刊物。

《中国社会各阶级的分析》

1925年毛泽东发表了《中国社会各阶级的分析》一文。他运用马克思主义的观点科学地分析了中国社会各阶级的经济地位和政治态度,辨明了中国革命的对象、领导力量、同盟军等中国革命的基本问题。他指出:"谁是我们的敌人?谁是我们的朋友?这个问题是革命的首要问题。"一切勾结帝国主义的军阀、官僚、买办阶级、大地主阶级以及附属于他们的一部分反动知识分子,都是我们的敌人;中国工人无产阶级是革命的领导力量;农民是中国无产阶级最广大和最忠实的同盟军;民族资产阶级是一个动摇的阶级,在对待革命的问题上有两面性,其右翼可能是我们的敌人,其左翼可能是我们的朋友,无产阶级要时常提防他们扰乱革命的阵线。毛泽东的这篇文章,提出了关于中国新民主主义革命的基本思想。